KB259832

돈이
저절로 모이는
보험4테크

돈이 저절로 모이는 보험 4 테크

김동범 지음

중앙경제평론사

돈이 보이는 보험테크 비결

‘보험은 보장이다. 보험은 저축이다. 보험은 소비다. 보험은 투자다.’ 이 가운데 어느 것이 정답일까? 사람들은 대부분 보험을 보장상품이라고 생각한다. 보장은 되지만 중도에 해약하면 원금도 안 나온다는 특성을 들어 소비상품이라고도 한다. 연금보험과 저축성보험을 예로 들면서 저축성상품이라고도 한다.

하지만 단순히 이렇게 얘기하는 것은 보험을 잘못 인식하는 것이다. 보험은 리스크가 따르는 투자상품이다. 보장성보험에 가입했다고 해서 보험료가 그냥 소비되는 것이 아니다. 잘되면(아무 사고 없으면) 내 몸과 가족 또는 이웃이 모두 편하게 사는 것이고, 잘못되면(사고가 발생하면) 보험금을 받아 생활안정을 위한 자립기반을 구축하는 디딤돌이 되는 것이다.

아예 가입을 안 하면 이것저것 모두 잃는다. 보험은 미래 삶의 안정과 행복을 위해 자산 일부를 배팅하는 투자상품이다. 투자상품이므로 잘 골라서 가입해야 더 만족할 수 있고 사후관리를 차질 없이 해야 보험테크의 효과를 볼 수 있다.

이젠 온·오프라인을 불문하고 보험 판매시장이 사방팔방에 널린 다각화시대다. 보험컨설턴트(보험대리점, 보험중개인 포함), 방카슈랑스(Bancassurance), 홈슈랑스(Homesurance), 인슈랑스(Insurance), TM, 네트워크채널뿐만 아니라 여행사·백화점·카드사·대형마트·프랜차이즈 등에서도 보험상품에 가입할 수 있는 브랜드어슈어러(Brand-assurer)시대다.

이렇게 보험이 생활 깊숙이 자리 잡으면서 가계소득에서 보험료로 지출되는 돈이 만만치 않다.

생명보험, 손해보험 등 개인보험상품의 가구당 연간 지출보험료는 600만 원으로 한 달에 50만 원이 넘는다. 이는 우리나라 전국 가구당 월평균소득(약 350만 원) 대비 14%에 해당한다.

생활보장형 컨버전시(Convergency)상품과 보험투자상품인 변액보험 등 맞춤형상품에 많이 가입하면서 가구당 연간보험료 납입액은 증가추세인데, 반드시 살펴봐야 할 것은 '현재 지출되는 보험료가 제구실을 하는가?'이다.

월수입의 10% 이상을 지출하는 가정에서는 보험료에 재테크 개념을 도입하여 재무설계를 합리적으로 해야 한다. 삶의 리스크 헤지(Hedge)를 위해 가입하더라도 경제성 원칙에 따라 더 많은 혜택을 누릴 보험테크 방법론을 모색해야 한다. 소중한 돈을 재테크 차원에서 분명하게 따지면서 투자하고 가계금융자산 포트폴리오 차원에서 리밸런싱해야 한다.

보험테크는 저렴하게 양질의 상품에 가입하고 잘 유지하여 이익을 최대한 볼 수 있게 만드는 생활의 기술을 말한다.

즉 보험 4테크인 ① 알찬 보험에 가입하여 일상생활의 리스크를 헤지하는 보장테크 ② 평생 은퇴자산을 마련하기 위한 효율적인 연금테크 ③ 보험차익 비과세와 보험료 소득공제, 보험금의 상속세·증여세 혜택 등 보험의 다양한 메리트를 활용한 세테크 ④ 보험투자상품과 저축성보험, 보험테크와 보험세테크로 실질적인 이익을 실현하는 재테크를 동시에 달성할 수 있게 하는 생활의 지혜를 말한다.

이 책에서는 보험소비자들이 보험 4테크로 실질적인 이익을 실현하여 보험에 대한 만족과 가치를 극대화할 수 있는 솔루션과 실천 로드맵을 제시했다.

올바른 보험상품을 선택해 만족이 배가되게 하며, 더욱 많은 혜택을 받는 기술적 방법은 물론 보험상품이 지닌 소득공제와 비과세혜택, 상속세와 증여세 혜택 등 절세 측면에서 최대한 효과를 볼 수 있는 실천테크닉을 자세하게 제시했다. 보험이 포화상태에 이른 가정에서 보험 클리닉을 올바로 전개해 실질적인 재테크가 이루어지게 보험치수와 생활치수를 맞춰 나가는 보험포트폴리오 리밸런싱 기술을 제시했다.

가정행복망을 구축하기 위해 반드시 가입해야 하는 보험, 이왕 가입하려면 두루 잘 살펴서 최대한 이익을 볼 수 있게 보험재테크를 익혀 기쁨과 만족을 듬뿍 누려보자.

이 책이 모든 보험소비자들에게 경제적으로 실질적으로 이익과 더 많은 혜택이 주어지는 보험테크의 로드맵이 되길 기대한다.

김동범

차 례

3장 돈이 모이는 보험세테크 비법

4장　노후 위한 연금테크 비법

1장

부자의 출발점은 보험테크

나는 지금 그리고 항상 그랬던 것처럼 보험 맹신자다. 특히 생명보험은 반드시 가입해야 한다. 가난한 사람도 생명보험으로 자산을 마련할 수 있기 때문이다. 자산을 마련했을 때 가족에게 어떠한 일이 생기더라도 보호받을 수 있음을 알게 됨으로써 진정한 만족감을 느낄 수 있다.

-해리 S. 트루먼(Harry Shippe Truman)

가장 빠른 재무목표 달성비법

가계자산 늘려나가는 생활의 기술을 찾아라

돈을 조금이라도 더 벌기 위해 금융상품에 가입할 경우 무엇을 선택해서 어떻게 운용하느냐에 따라 이익을 보거나 손해를 본다. 자신에게 꼭 맞는 상품만 골라서 투자해 남들보다 수익을 훨씬 더 챙기는 사람이 있는 반면 남들이 좋다는 금융상품에 무작정 가입했다가 수익은커녕 손해만 보고 중도해지하는 사람도 있다.

재테크(Financial Technology)는 일상적인 수입원(본연의 일) 이외의 다른 방법으로 가계자산을 늘리는 경제적 기술이다. 경제성 원칙에 따라 같은 노력으로 저축(또는 투자)효과를 높여 수익을 최대한 창출하는

생활의 기술이다. 따라서 보험에 가입할 때도 한 푼이라도 더 이익을
볼 보험테크 실천방법을 모색해야 한다.

목표자금 마련 후 재테크 시작

재테크의 가장 큰 목적은 원하는 목돈을 빨리 마련하는 것이다. 이런
관점에서 보험은 목적자금의 듀레이션(Duration)을 가장 짧게 하는 재
테크에 디딤돌을 놓는 최고의 상품이다.

일반적인 재테크는 자산 중심의 수익성 설계개념으로 한정된 기간
안전성, 수익성, 환금성 측면에서 투자하여 목표자산에 도달하는 방안
을 제시하므로 그 기간에 장해요인이 발생하면 목표자산까지 도달하
지 못한다.

저축은 푼돈 모아 목돈을 마련하는 것이므로 목표 달성에 시간이 많
이 걸린다. 그러나 보험은 보장자산을 미리 확보해 가입과 동시에 목
표자금을 달성한 것과 마찬가지여서 이보다 더 이른 시간 안에 재테크
효과를 볼 상품은 없다.

예를 들어 가계운영자금을 절약하여 30년 동안 1억 원을 모으기로
하고 연 7%로 운용되는 정기적금을 은행에 가서 들었다고 하자. 월불

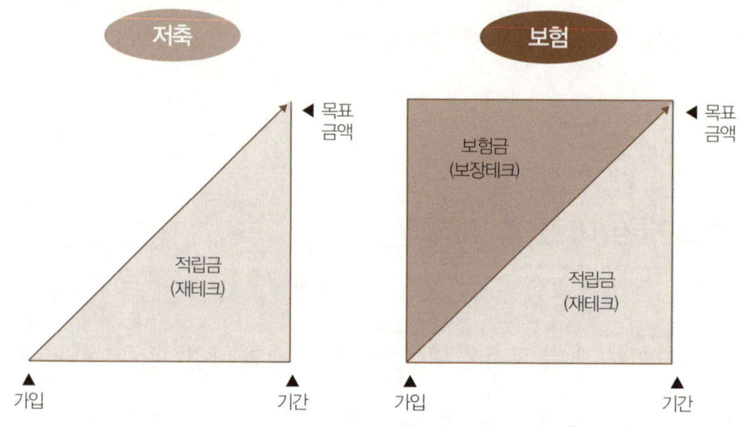

입금 13만 5,400원을 30년 동안 불입하면 1억 원을 받게 된다. 그러나 보험에 가입하면 살아서는 만기에 1억 원을 만들 수 있고, 만일 사망한다 해도 보험금 1억 원을 가족에게 상속할 수 있다.

불확실한 시대에 가족의 경제적 행복망 구축에 필요한 목표자금을 처음부터 확실하게 마련해놓고 생활하는 것과 목표자금이 마련될 때까지 저축에 신경 쓰면서 생활하는 것은 특히 가장에게는 매우 다르게 느껴진다. 따라서 재무목표를 하자 없이 빨리 달성하려면 반드시 재무테크와 보험테크를 병행해야 한다.

진정한 재테크는 저축과 투자로 가계자산 확보와 자산극대화, 보험을 통한 보장자산을 확보하여 위험을 관리하는 생활테크다.

따라서 재테크의 뿌리는 생활을 보장하는 보험으로, 기둥은 자산을 관리하는 저축으로, 곁가지는 자산형성(Wealth Formation)을 이루는 투자상품으로 포트폴리오를 리밸런싱해 삶의 질을 높여야 재테크를 제대로 하는 것이다.

이익을 더 보는 삶의 지혜

보험 4테크는 삶의 기술

보험테크는 보험료를 합리적으로 줄이면서 양질의 보험상품에 과부족 없이 가입하여 보험수혜를 최대한 받아 만족과 효용가치를 극대화하는 삶의 기술을 의미한다. 즉 ① 알찬 보험에 가입하여 일상생활의 리스크를 헤지하는 보장테크 ② 노후가 자기책임인 시대에 평생 은퇴자산을 마련하기 위한 효율적인 연금테크 ③ 보험차익 비과세와 보험료 소득공제, 보험금의 상속세·증여세 혜택 등 다양한 메리트를 활용한 세테크 ④ 보험투자상품과 저축성보험, 보장테크와 보험세테크로 이익을 최대한 실현하는 재테크 등 4가지 유형을 동시에 달성하는 생활의 지혜다.

보험테크를 잘해야 보험료에 누수가 생기지 않고, 보장을 더 많이 받으며, 세테크 효과도 보아 실질적인 이익을 얻을 수 있다. 보험테크는 수많은 상품 가운데 어떤 상품에 가입해야 더 많은 이익과 혜택을 볼지를 염두에 두고 추진해야 효과가 극대화된다.

보험테크로 인생재테크 완성

일상생활의 리스크 헤지 방안을 강구하지 않은 재테크는 목적자금이 완성된다 해도 사상누각일 뿐이므로 보장테크를 병행해야 한다. 즉 재테크는 보험 4테크가 모두 되는 인생재테크로 업그레이드해야 한다. 인생재테크가 아닌 재테크는 일시적인 처방에 그치고 만다.

보험테크 TIP

■■■ 인생 4L

인생재테크는 일상생활의 리스크를 헤지함과 동시에 미래 삶을 업그레이드하기 위한 목적자금을 저축과 투자로 슬기롭게 마련하는 생애 재무클리닉 기술이다.

인생재테크를 올바로 완성하려면 라이프사이클(Life Cycle), 라이프스타일(Life Style), 라이프스테이지(Life Stage) 인생 3L을 인프라로 삼아 라이프맵(Life Map)을 계획한 다음 라이프스케일(Life Scale)에 맞춰 지속적으로 재무클리닉을 해야 한다. 인생 3L에 라이프스케일을 합쳐 '인생 4L'이라 한다.

보험테크로 더 많이 버는 재테크

보험을 순수한 재테크 차원에서 보면, 첫째 소득공제혜택, 둘째 보험차익의 비과세혜택, 셋째 운용상품 복리 부리, 넷째 펀드로 운용되는 변액보험이나 ELA(주가지수연동보험) 등 보험투자상품의 경우 펀드로 운용되므로 고수익을 얻을 수 있다. 여기서는 간추린 내용만 설명하고 보험테크의 실천적 기술과 효용가치의 세부 내용은 다른 장에서 제시한다.

소득공제혜택

보험은 사회보장 역할을 수행하기 때문에 세제상 혜택이 있어 재테크 상품으로 손색이 없다. 그중 첫째가 보험료 소득공제혜택이다. 연금저축보험(신연금저축)에 가입하면 당해연도에 납입한 보험료의 전액(연간 300만 원 한도 : 퇴직연금(CD형) 포함), 자동차보험·상해보험·암보험 등 보장성보험에 가입하면 연간 100만 원 한도(단, 장애인전용 보장성보험에 가입하면 연간 200만 원 한도)에서 소득공제를 받는데, 이 경우 소득공제로 인한 경제이득은 매우 높다.

이자소득에 대한 완전비과세혜택

저금리 시대, 목적자금을 마련하기 위해 금융상품에 가입할 경우 이자소득세에 대한 원천징수 15.4%는 매우 큰 걸림돌이다. 그런데 저축성보험, 연금보험, 유니버설보험, 변액보험 등 장기저축성보험에 가입한 후 10년 넘게 유지하면 만기가 되어 계약을 해지하거나 중도해약할 때 발생하는 이자소득에 대해 원천칭수 없이 전액 비과세혜택이 주어진다.

저축금액에 상관없이 이렇게 완전비과세혜택이 주어지는 상품은 다른 금융권에는 없다. 모두 가입한도가 정해졌든지 비과세 한도가 있다. 이처럼 보험은 절약된 세금만큼 이자수익을 제한 없이 누리는 재테크 상품이다.

정부는 세원을 확보하려고 비과세 상품을 축소 또는 폐지하려는 추세이므로 비과세 보험에 빨리 가입할수록 이익을 더 창출할 수 있다.

기간이 지날수록 복리 효과

이자운용 방법에는 단리와 복리가 있다. 단리는 자금의 사용기간이 아무리 길어도 원금이 증가하지 않으며 이를 기준으로 이자를 계산한다. 즉 저축기간에 부리된 이자는 재투자하지 않는 것으로 계산하는 이자법이 단리다. 복리는 저축기간에 부리된 이자가 계속 재투자되어 꼬리에 꼬리를 물고 이자가 발생한다. 투자자산이 복리로 운용되면 그만큼 수익률은 더 높아진다.

예를 들어 원금 1,000만 원을 연이율 4% 단리로 예금했다고 하면 3년 뒤에 찾는 돈(원리합계)은 1,400만 원이지만 복리로 운용하면 1,480만 원으로 이자 차이가 80만 원이다. 이는 기간이 경과할수록 산술급수적으로 더 차이가 나게 된다. 매월 자금을 투자하는 금융상품에 가입하면 단리와 복리의 차이는 더욱 크다.

특히 10년 이상의 장기 재테크일 경우 반드시 복리로 운용되는 상품에 가입해야 한다. 모든 보험상품은 월단리 연복리법으로 자금을 운용하므로 장기투자에 더 효과적인 재테크 수단이다(단, 실적배당형 변액보험상품은 제외). 시중은행 상품은 대부분 단리로 부리된다. 이자가 복리라는 점은 보험상품만의 차별화된 매력이다.

펀드투자로 고수익

재테크는 재산을 불리는 생활의 기술인데, 단순히 이익을 남겨 돈을 버는 것뿐만 아니라 절세와 자산의 안전관리도 포함된다. 이를 모두 커버할 상품으로는 보험이 제격이다. 특히 변액보험(VL)과 유니버설보험(UL), 변액유니버설보험(VUL), 주가지수연동보험(ELA), 달러보험 등의 보험 투자 상품은 보장, 세테크, 재테크를 모두 실현해주는 최고의 보험테크 상품이다.

부자들이 보험을 선호하는 까닭

보험은 부의 대물림에 적합하다

미국의 석유재벌 폴 게티(John Paul Getty)는 부자 되는 법(How to be Rich)을 알고 싶으면 '돈을 많이 버는 사람을 찾아 그가 하는 대로 따라 하라'고 했다. 그리고 자녀들에게 부를 대물림하려면 보험증권을 상속하라고 했다.

전 세계 부자 가운데 유대인이 많다는 것은 누구나 다 아는 사실이다. 왜 유대인 가운데 부자가 많을까? 그들은 어떻게 부를 대물림할까? 유대인이 부를 대물림하는 방법은 지극히 간단한데 바로 보험에 가입하는 것이다. 그렇다면 보험에 들어 어떻게 부를 대물림할까?

고조부에게 아무것도 물려받지 못한 증조부는 조부모를 위해 1,000달러 보험에 가입하고 세상을 떠나셨다. 조부모는 부모를 위해 1만 달러 보험에 들었고 부모는 1만 달러를 종자돈으로 하여 자식을 위해 10만 달러 보험에 가입했다. 나는 부모에게서 받은 보험금 10만 달러로 자식을 위해 100만 달러 보험에 가입했다. 내 자식은 그것을 밑천으로 삼아 손자들에게 1,000만 달러를 만들어 물려줄 것이다.

이것이 유대인이 자식에게 부를 대물림하는 재테크 사고다. 유대인에게는 후손이 편하게 살 수 있는 가장 손쉬운 재(상속)테크 방법으로 보험이 최고라는 인식이 박혀 있다. 그들은 보험이 사업을 하다 망해도 새나가지 않는 안전한 돈이어서 집안을 다시 일으켜 세워주므로 보험을 매우 합리적이라고 생각한다.

보험에 가입했으므로 자손들은 인생의 출발점부터 경제적 기반이 다른 사람들과 다르다. 부자가 될 조건을 미리부터 갖춘 셈이기 때문이다.

자녀들 또한 부모의 유산인 보험금 덕분에 부모를 존경하면서 올바로 교육을 받아 훌륭한 인재로 자랄 수 있다. 또 학력 대물림이 가능한 시너지효과(Synergy Effect)도 거둘 수 있다. 자본주의 사회에서 부와 학력은 수레바퀴처럼 떼려야 뗄 수 없는 관계라는 것은 누구나 아는 사실이다.

대부분의 가정이 경제를 가장에게 의존하므로 가장이 사망하거나 사고를 당하면 유산은커녕 빚까지 짊어지는 경우가 허다하다. 돈이 없으면 생활하기 힘들다. 누구나 부자를 꿈꾸지만 어떻게 부자가 되는지는 잘 모른다. 알면서도 실천하지 않는 사람도 많다.

누구나 부자가 될 수 있지만 아무나 부자가 되지는 못한다. 미래에 대한 투자 없이 결과만 얻으려 하면 안 된다. 가장 손쉬운 방법으로 가정을 보호하면서 유사시에는 가족에게 부를 대물림할 수 있는 보험으로 씨앗을 심어야 한다.

종합소득세 과세 대상에서도 제외되는 안전상품

보험상품의 매력은 수익을 아무리 높이 올려도 금융소득이 노출되지 않는다는 점이다. 보험은 금융소득 노출로 인한 세원추적 대상(금융소득 종합과세 대상 제외)에서 벗어날 수 있는 매우 안전한 상품이다. 그래서 재테크에 관심 있는 사람들은 보험으로 재테크를 실현하려고 한다.

모든 금융상품의 이자가 종합과세에 포함되지는 않는다. 비과세 금융상품과 세금우대 상품은 종합과세 대상에서 제외된다. 따라서 세원

노출을 꺼리는 자산가에게 고액의 장기 저축성보험(연금보험 포함) 가입은 안성맞춤이다(참고로 만기가 5년 이상인 장기채권이나 장기저축은 분리과세를 선택할 수 있으며 이 경우 분리과세로 납세의무가 종결되므로 종합과세에서는 제외된다).

부자들이 잘사는 데는 다 그만한 이유가 있다. 자신의 현실을 그대로 사랑하는 자녀들에게 대물림해줄 것인지 아니면 부를 대물림해줄 것인지 생각하면서 이 기회에 보험테크에 대한 패러다임 시프트를 가질 필요가 있다.

최고의 재테크로 가정의 행복보장

가족을 위한 삶의 주춧돌

가족은 가정경제의 주체인 가장이라는 삶의 안전망에 둘러싸인 고
귀한 사랑공동체다. 'Family = Father And Mother I Love You!' 라
고 하기도 한다. 그런데 바쁘게 살다보면 가족의 소중함을 잊고 또 앞
날의 불확실성을 알지 못한 채 하루하루를 보내는 경우가 많다.

'내가 설마, 우리 가족이야 무슨 일 있겠어? 나는 이렇게 건강한데.
자식들도 제 밥벌이는 알아서 하겠지…' 하는 생각이 자녀의 꿈, 배우
자의 안락한 노후생활, 가정의 미래를 가로막는 장애물임을 간과한다.
사랑스러운 자녀들에게는 경제적 고통 없이 훌륭하게 성장할 수 있는

주춧돌이 반드시 필요하다.

주 소득원인 가장에게 무슨 일이 닥치면 그 가정은 일시에 위험한 상황에 놓인다. 특히 자녀들이 어릴 때 가장에게 변고라도 생기면 비참한 생활을 감내해야 할 수도 있다. 배우자가 전업주부라면 생활을 꾸리기가 더욱 막막할 것이다.

가장은 자기 가족을 전적으로 책임질 막중한 의무가 있다. 가장은 가정의 행복을 위해 ① 가장의 경제적 정년시점 이전 ② 자녀들이 모두 독립하기 전 ③ 배우자가 여생을 편안하게 보내는 그날까지는 가정생활의 안정책을 도모해야 한다.

인생의 가장 큰 위험 3가지

사는 데는 크고 작은 위험이 항상 도사리고 있다. 그 위험요소의 발생시기와 정도에 따라 가정에 주는 타격이 다르게 나타난다. 일반적인 위험 요소는 가족이 힘을 합해 슬기롭게 없애거나 줄일 수 있다.

그러나 너무 일찍 죽는(Die too soon) 사망위험, 너무 오래 사는(Live too long) 노후위험, 건강을 잃고 수입이 끊겨 힘들게 사는(Live too Painful) 생활위험처럼 인력으로 해결할 수 없는 3가지 위험이 있다.

① 사망위험은 생때같던 사람이 갑자기 사망하는 것을 말한다. ② 노후위험은 은퇴 이후 기나긴 노후기간을 대비하지 않음으로써 발생하는 장생(長生)의 위험이다. ③ 생활위험은 가정경제에 치명적인 영향을 끼치는 사망과 중대질병, 후유장해 사고를 말한다.

이 3가지 위험에 대한 사전준비가 안 되거나 미흡하면 가족과 자신의 삶이 고달파진다. 이 3가지 위험은 인생 전반에 걸쳐 가장 큰 명제이기도 하다. 따라서 이를 해결해야 올바른 재테크가 이루어져 가정의 행복이 완성될 수 있다.

인생은 언제나 장밋빛으로 물들어 평안한 삶을 지속할 수 있고, 배우자의 황혼을 행복한 골드에이지로 만들 수 있다. 이들 위험을 미연에 없애거나 줄이려면 자산 형성과 관리로 위험요소를 사전에 헤지해야 하는데 그에 가장 적합한 방책이 보험이다.

진정한 재테크인 보험으로 행복테크 실현

《톰 소여의 모험》,《허클베리 핀의 모험》을 지은 소설가 마크 트웨인(Mark Twain)은 이런 말을 했다. "은행은 날씨가 맑을 때는 우산을 빌려주고 비가 오려고 하면 우산을 돌려받는다. 그러나 보험회사는 날씨가 맑을 때는 우산을 보관하고 있다가 비가 오면 우산을 돌려준다.”

보험은 우산 같은 존재다. 편안할 때보다 어려움이 닥칠 때 도움이 됨으로써 든든한 보호막 구실을 한다. 긴 인생길에서 언제 날씨가 궂을지는 아무도 알 수 없다. 집에 늘 우산을 준비하면 비가 와도 걱정이 없듯이, 장롱에 보험증권을 갈무리했다가 갑자기 ‘인생의 비(불의의 사고)’가 휘몰아칠 때 보험우산으로 재정위기를 피해가는 지혜가 재테크의 초석이다.

돈을 굴려 이익을 남기는 것도 중요하지만 만약의 사태로 말미암은 경제적 위협을 슬기롭게 극복할 지렛대 구실을 하는 보험이 있어야 누수가 안 생겨 더 많은 자산이 형성된다.

가족 모두의 삶의 여정에서 불가항력적인 리스크가 현실로 다가올 경우 이를 헤지하고 내 가족이 당할 트라우마(Trauma)를 다독여 줌으로써 삶에 긍정의 힘을 갖도록 만드는 경제적 안전망은 반드시 필요하다. 그것이 바로 보험이다.

2장

보험 잘 들어 이익 보는 비법

보험은 불확정한 것을 확정한 사실로 변화시키는 유일한 수단이므로 보험 가입은 인간으로서 가장 신성한 책무다. 가정의 행복은 보험에서 시작된다.

– 솔로몬 휴브너(Solomon S. Huebner)

보험테크 잘해야 보험료 제값 발휘

보험료 한 푼이라도 절약하는 지혜

물건을 살 때는 흠은 없는지, 탄탄한지, 모양은 좋은지, 내 몸에 잘 맞는지 이리 보고 저리 보면서 고른다. 옷이나 가전제품은 물론 생선이나 과일을 살 때도 신중하게 고른다. 소비성 물건도 이리저리 살펴본 뒤 구매하는데 매월 일정액을 지불하면서 장기간 유지해야 할 보험을 대충 고를 수는 없다. 특히 양질의 보험에 저렴하게 가입하여 생활보장상품으로 손색이 없다면 그보다 더 좋을 수는 없다.

보험설계사가 권한다든지 보험회사에서 홍보하는 상품은 보험사 또는 보험컨설턴트 입장에서는 최고로 가치 있는 상품이다. 그러나 객관적으로 차근차근 다른 회사 상품과 비교·분석하면 수익률, 보장 내용, 급부 내용, 서비스 등에서 다소 부족한 부분이 있을 수 있다.

보험이 사회보장제도를 보완하는 역할을 하는 신용상품이라 해도 어디까지나 영리를 목적으로 하는 민간기업 또는 금융협동조합(우체국 제외)에서 운영·판매되는 이상 이익을 남기는 것은 당연하므로 나와 가족에게 도움이 되는 보험상품을 골라야 효과가 극대화된다.

보험테크 출발은 양질의 보험상품 선택

보험테크를 잘해야 보험료가 제값을 발휘하여 가입한 보험의 효용 가치가 높아진다. 보험테크를 올바로 하려면 먼저 양질의 보험상품에 가입해야 한다. 그런데 보험판매 채널이 다원화되고 신상품이 나날이 출시되므로 어떤 보험이 가장 좋은지 가늠하기가 매우 힘들다. 보험은 생활테크 상품임에는 틀림없지만 막상 가입하려면 어렵고 복잡하다.

또 어떻게, 어떤 방법으로, 누구에게(어느 곳에서), 무슨 상품에 가입해야 하는지 알쏭달쏭하다. 현재 국내에서 판매되는 보험상품은 자그마치 2,000개가 넘는다. 보험상품을 판매하는 곳은 보험회사, 우체국과 유사보험 기관인 농협·신협·새마을금고·교원공제·자동체공제 등 공제기관, 은행·증권 등 방카슈랑스기관, 인터넷매체, 홈쇼핑, 대형마트, 카드사, 네트워크사 등 수없이 많다.

이렇게 취급하는 곳도 많고 상품 종류도 다양하다보니 어느 곳에서 어떤 상품에 가입해야 할지 판단하기가 쉽지 않다. 여기서는 좋은 보험에 가입하면서 보험료를 한 푼이라도 줄이는 방법을 알아보자.

실제 도움이 되는 상품 선택

"지금 보험에 가입하려는데 상품이 네 종류 있다. 이 가운데 두 가지 상품에 가입하려고 한다. ① 한 상품은 사망확률이 전체적으로 약 8%일 경우 사망보험금이 주어지고 다른 상품은 사망확률이 약 92%일 때 사망보험금이 주어진다. ② 한 상품은 죽었을 때 사망보험금이 많이 지급되고 다른 상품은 생전에 보험금이 많이 지급될 경우 어느 보험을 선택하는 것이 가장 효율적인가?"

①과 ②의 경우 당연히 후자를 선택할 것이다. ①은 재해사망에 중점을 둔 순수 보장성보험과 일반사망에 중점을 둔 종신보험(정기보험)을 견준 표현이고, ②는 사망을 집중 보장하는 사망보험과 생존 시 의료비 등 실질적 도움을 주는 건강보험을 비교한 표현이다.

보험에 가입했을 때 만기보험금이나 축하금 등 생존 시에 지급되는 보험금을 제외하고 피보험자가 사고를 당했을 때 지급되는 보험금 가운데 보험금 지급 발생확률이 가장 높은 지급사유는 질병이나 재해사고로 입원했을 때에 지급되는 의료비다.

즉 보험가입 후 혜택을 볼 위험요소가 바로 질병이나 사고로 인한 입원(통원 포함)이며, 이때 보험금이 나오는 생활보장형 의료실비보험이 실질적으로 가장 좋은 상품이다. 질병으로 입원했을 때 평생 하자 없이 입원비를 모두 지급하는 상품은 더 좋다. 재해사고로 인한 입원보다 질병으로 말미암은 입원 확률이 10배 이상 높기 때문이다.

재해사망 확률보다 일반 사망 확률이 12배 이상 높으므로 재해사망 시 보험금이 많이 지급되는 사망 위주로 조립된 일반 보장성보험보다 실손형 위주로 조립된 종신보험이나 정기보험을 가입하는 것이 바람직하다.

보험상품 잘 고르는 비법

가입목적에 부합하며 실질적 이익이 주어져야

보험은 재무목적과 부합되는 상품에 가입해야 만족과 수혜의 기쁨을 맛볼 수 있다. 또 목적에 맞는 상품을 선택했더라도 여러 상품 가운데 가장 마음에 맞는 상품에 가입해야 이익을 더 많이 보고 후회하지 않는다.

어떤 보험상품이 가입자에게 더 많은 이익을 주며, 상품구조는 어떠한지, 해당 상품의 보험료는 어떻게 구성되었고 산출되었는지를 판단하기에는 어려운 점이 많으므로 보험에 가입할 때에는 편견을 갖지 말고 객관적으로 좋은 상품을 선택해야 한다.

자신의 인생 3L을 토대로 라이프맵을 계획한 다음 신뢰감 있는 보험 컨설턴트에게 재무컨설팅을 받아 보장자산, 연금자산, 재무자산을 키우는 데 어느 상품이 가장 적합한지 조언을 구하는 것이 최선의 방법이요, 보험테크의 올바른 길이다.

생활치수와 보험치수가 맞는 상품 골라야

좋은 보험상품은 한마디로 '일상생활에 도움을 주고, 생활치수와 보험치수가 잘 맞으면서 보험혜택이 상대적으로 많은 상품'이다. 일상생활에 닥치는 각종 위험을 보장(의료비 지원, 다양한 보장급부 등)해주면서 지금 가입해도 1년 된 듯 편안함과 만족감을 주는 보험, 10년을 유지한 다음에도 1년 전에 가입한 것처럼 괜찮아 보이는 안성맞춤의 보험, 보험수혜 때 까다롭지 않으며 시드머니의 미래가치가 만족할 수준으로 업그레이드되어 있는 보험상품을 의미한다.

남들이 좋은 상품이라고 아무리 극찬해도 자신 또는 가족의 현재와 미래 생활에 도움이 되지 않는 상품은 가치가 없다. 내 몸과 가정경제에 가장 알맞은 보험치수에 가장 적합한 보험상품을 선택하는 지혜가 필요하다.

또 좋은 상품에 가입했더라도 제대로 유지하지 않으면 무용지물이 므로 보험케어를 지속적으로 해줄 보험컨설턴트를 만나는 것도 중요 하다. 그래야 만족, 혜택, 기쁨을 누릴 수 있다.

아래에 제시한 가장 좋은 보험상품 고르는 요령을 참조하면 보험상 품을 비교·선택하는 혜안이 생길 것이다.

좋은 보험상품 고르는 12가지 요령

1. 평생 모든 의료비를 충분히 커버하는 의료실비보험

2. 일상생활에 도움이 되는 생활보장형 컨버전시 상품

3. 사고유형에 관계없이 모든 위험을 보장하는 상품

4. 사망 때보다 살아 있을 때 혜택이 더 많은 상품

5. 질병과 사고를 보장하는 정액 급부 또는 실손형 건강보험

6. 보험금 규모에 비해 보험료가 상대적으로 적은 상품

7. 보험상품의 특성을 살려 고객에게 필요한 보장을 강화한 상품

8. 가입절차는 까다롭더라도 보험금 지급절차는 간단한 상품

9. 가입자가 취사선택할 특약이 많은 상품

10. 사전(死前) 생활보장과 사후(死後) 유산상속 등 취사선택이 용이 한 상품

11. 보험금으로 지급될 재원인 순보험료의 규모가 다른 상품보다 상대

적으로 큰 상품

12. 보험료가 저렴하면서도 생활에 도움이 되는 부가서비스 혜택이

많은 상품

비슷한 보험 중 최고 상품 선택기술

어떤 보험을 골라야 좋을까?

'여기저기 물어보고 자문해 보험상품을 선택했다. 그와 비슷한 상품을 취급하는 회사도 많고 판매처 또한 무척 다양하다. 상품내용이 엇비슷해 어떤 것이 더 좋은지 도저히 구별할 수 없다. 어떻게 대처해야 할까?'

많은 사람들이 여러 회사의 상품을 살펴봐도 어떤 게 더 좋은지 도무지 모르겠다고 한다. 이는 보험에 가입하려는 사람들이 어느 보험에 가입할지 대충 정한 뒤 가장 먼저 떠오르는 화두이기도 하다. 보험상품이 많다 보니 그게 그거 같아 좀처럼 구별하기 힘들다. 보험상품을 골랐다 해도 보험회사에서 판매하는 비슷한 유형의 상품이 많아서 우열을 가리기 쉽지 않다.

아래 제시한 '비슷한 보험상품 가운데 최고 좋은 상품 고르는 방법'으로 제시한 8가지를 익히면 실속 있는 상품에 가입할 수 있다.

보장금액이 가장 크고 다양한 상품

동일한 성격의 상품이 여럿 있을 때는 먼저 위험사고가 발생했을 때 보장하는 보험금액이 얼마인지 살펴본다. 이때에는 해당 보험의 최고 보장금액만 보아서는 절대로 안 된다. 한 가지만 중점적으로 보장하는 상품보다 다양한 위험을 보장하는 생활보장형 상품이 훨씬 더 좋기 때문이다.

따라서 일반사망 보험금, 질병에 걸렸을 때 지급되는 치료보험금, 재해사망보험금 등을 전부 적는데, 여기에는 장해 때 지급되는 급여금뿐만 아니라 치료비와 입원비 등도 전부 포함시켜야 한다.

이렇게 산출된 총보험금 규모를 비교한 후 보장금액이 가장 큰 상품을 고른다. 건강보험을 고를 때 약정금액을 지급하는 정액급부형보다 실제로 지출한 의료비를 보험가입 한도에서 보장 지급하는 실손보장형 의료보험을 선택하는 것이 바람직하다.

총납입보험료 규모가 가장 작은 보험상품

1구좌당 보험금 규모가 비슷한 상품을 몇 개 골랐으면 가입했을 때 납입해야 할 보험료가 얼마나 되는지 살펴본다. 이때 보험료 규모는 동일한 조건에서 검토한다. 즉 똑같은 납입기간, 보장기간, 납입방법, 동일 피보험자를 가지고 판단한다.

어느 상품은 보장기간이 길다든지, 다른 상품은 납입기간이 짧다든지 하면 비교하는 것은 의미가 없다. 반드시 같은 유형의 상품과 비교·분석해야 한다. 예를 들어 보험기간과 납입기간이 20년, 납입방법은 월납일 때 월납입보험료와 보험료 납입기간(20년)을 곱하여 총보험료 규모를 산출한 뒤 규모가 가장 작은 상품을 고른다.

해약환급금이 가장 많은 상품

보장금액과 총납입보험료 규모가 비슷할 경우에는 중도해약 시 어떤 상품이 해약환급금이 더 많은지 판단한다. 보험은 만기까지 유지해야 보험수혜에 차질이 없지만 장기상품이기 때문에 유지기간 중 가정환경이나 경제사정이 변할 수도 있으므로 이를 반드시 염두에 두어야 한다.

따라서 보험안내장이나 가입설계서에 제시된 해약환급금 예시표를 상품별로 비교해서 총납입보험료 중 해약환급금이 차지하는 비율이 가장 큰 상품을 고른다.

만기 때 수익률이 가장 높은 상품

순수보장성보험이나 일반손해보험상품을 제외한 나머지 보험상품은 만기 때 수익률이 서로 다르다. 보험회사에서 상품을 조립할 때 위험보험료와 저축보험료의 구성비율을 어떻게 정했느냐에 따라서도 달라지지만 보험회사의 사업비 지출규모와 운영결과에 따라, 지급되는 가산금 규모에 따라서도 만기수익률이 달라지기 때문이다. 그리고 상품의 예정이율이 몇 퍼센트인가에 따라서도 만기수익률이 달라진다.

따라서 만기수익률을 비교 · 분석할 경우 만기 때 지급받는 총금액을 만기까지 납입한 총납입보험료로 나누면 만기수익률이 나온다. 이렇게 산출된 만기수익률이 가장 높은 상품을 고르면 된다.

보험료 납입기간이 긴 상품

동일한 상품의 경우 보험료 납입기간이 긴 상품과 짧은 상품의 보험료는 매우 다르므로 현재의 경제 규모를 고려해 납입기간을 선택한다. 보험료를 일시에 납입하면 보험료 할인혜택도 주어진다. 그러나 보험료를 장기간 납입하면 소득공제혜택을 받는다.

저축성보험은 소득공제혜택을 받지 못하므로 길든 짧든 상관없지만 보장성보험이나 연금보험은 보험료를 납입할 동안 납입보험료 범위에서 일정금액의 소득공제혜택을 볼 수 있으므로 보험료 납입기간이 길면 길수록 좋다.

소득공제혜택은 보험료를 낼 때에만 받을 수 있다. 보험기간이 아무리 길어도 보험기간에 보험료를 내지 않으면 소득공제혜택을 받지 못한다는 사실을 유의해야 한다.

확정금리형인지 금리연동형인지 확인

보험에 가입할 때에는 어떤 이율을 적용하는지 확인한다. 1억 원을 보장받는 종신보험에 들었을 경우 사망 때에 무조건 1억 원을 보장받을까? 그렇지 않다.

보험가입금액이 1억 원짜리인 확정금리형(정액형) 상품일 경우에만 그렇다. 금리연동형(시중금리에 연동 부리, 공시이율 적용)에 가입할 경우 금리가 현재보다 낮아지면 기대한 만큼 보험금을 타지 못할 수도 있다. 물론 금리가 높아지면 더 큰 금액을 받을 수 있다.

보험사로서는 금리연동형이 확정금리형 상품에 비해 위험도가 낮다. 금리가 낮아지면 낮아지는 대로 적게 주면 되고 높아지면 조금 더 주면 되기 때문이다.

보험금을 더 많이 탈 가능성은 없어지더라도 더 적게 탈 위험성도 배제하고 싶으면, 즉 가입설계서에 명시된 보험금액을 전부 받고 싶으면 정액형을 선택하고 리스크가 따르더라도 장기적으로 더 높은 보험금이 지급될 것 같으면 금리연동형 상품을 선택한다.

현재 보험사들은 대부분 금리연동형 상품을 취급하므로 확정금리형 상품을 원한다면 잘 살펴보고 가입해야 한다.

사업비가 가장 적게 책정된 상품

보험료 구성은 가입자에게 돌아가는 순보험료(위험보험료+저축보험료), 보험회사 운영에 필요한 부가보험료(사업비) 등 3가지로 되어 있다. 순보험료 규모가 비슷하면 부가보험료 규모에 따라 보험료 규모가 달라진다.

그런데 일반인은 가입한 상품에서 차지하는 부가보험료가 얼마나 되는지 판단하기 힘들다. 상품 몇 개를 검토한 다음 본인이 해당보험사 콜센터에 문의하는 것이 가장 손쉽고 현명한 방법이다.

부가서비스가 많고 질 좋은 상품

위의 7가지 선택요령을 토대로 판단하면서 보험금 선지급서비스, 보험료 할인서비스, 건강체 우대서비스 등 부가서비스가 많고 실생활에 도움이 되는 상품을 골라야 한다. 상황에 따라서는 보험료가 조금 비싸더라도 해당 상품에 기재된 보장 내용이 가족력이나 삶의 스타일을 고려해 실생활에 더 밀접하고 사후서비스를 잘해주는 상품이 더 나을 수 있다.

의료실비보험 잘 가입하는 비법

가정 행복의 바로미터는 건강웰빙보험 가입

비스마르크(Otto von Bismarck)가 "돈을 잃으면 조금 잃는 것이고, 명예를 잃으면 많이 잃는 것이고, 건강을 잃으면 모든 것을 잃는 것이다"라고 했듯이 건강만큼 소중한 것은 없다. 부와 명예와 권력을 갖더라도 건강을 잃으면 모든 것은 수포로 돌아간다. 건강은 행복하고 안정적인 삶에 가장 절실한 주제요, 무엇보다 우선해서 지켜야 할 소중한 자산이다.

사람들에게 '당장 어느 보험에 가입하고 싶은지 말하라'고 하면 대부분 건강보험이라고 답할 만큼 다들 건강에 신경을 많이 쓴다. 건강보험(Health Insurance)은 우리나라 사람들의 대표적인 사망원인인 암과 뇌혈관 질환, 심장질환을 비롯해 각종 질병이 발생했을 때 진단비, 수술비, 입원비, 치료비, 간병비 등을 보장하는 리빙 케어(Living Care) 상품을 말한다.

세계보건기구(WHO)는 건강을 "신체적으로 병이 없는 상태이면서 정신적·사회적으로도 안녕인 상태"라고 정의한다. 그저 몸만 튼튼하다고 건강한 것은 아니다. 몸과 마음이 모두 튼튼해야 건강하다고 할 수 있다. 삶의 리스크를 미연에 헤지하는 건강보험은 몸의 건강과 마음의 건강을 모두 가져다주는 삶의 지렛대 역할을 한다.

의료실비보험은 최우선 선택사항

건강보험상품은 크게 정액급부형과 실손형 의료보험으로 나뉜다. 정액급부형은 골절비, 진단비, 수술비 등 건강비용을 일정부분 보장하는 상품으로 암보험, 질병보험, 상해보험 등이 있다. 요즘 인기를 끄는 실손형 의료보험(의료실비보험)은 공적보험인 국민건강보험의 보충형 모델로 일상생활에서 가장 많이 발생하는 위험 지출비용인 입원비, 진단비, 수술비를 기본적으로 보장한다.

질병이나 상해로 병·의원에 입원하거나 통원치료를 받는 경우 실제로 본인이 지출한 의료비(급여 본인부담금+비급여 부분)를 보험가입금액 한도에서 보장하는 상품이다. 일반적으로 생명보험 상품은 사망 또는 80% 이상 장해 때 해당계약이 자동으로 소멸된다. 그러나 의료실비보험은 사망 때에만 계약이 소멸되고 중증장해 때에는 지속적으로 보상 가능하며 보험기간은 주로 100세 만기로 평생 보장받을 수 있게 설계되었다.

응급실 이용, 신종플루검사, 내시경검사, 부인과질환검사 같은 검사나 장기간 약 복용 등 입원의료비와 통원의료비는 물론 처방조제까지 의료비로 지출되는 실질적인 본인부담금의 최고 90%까지 보장한다. 의료실비보험은 대표적 건강보험상품으로 어느 가정이나 반드시 가입해야 한다.

의료실비보험 잘 가입하는 11가지 방법

1. 생활보장에 중점을 두고 가입할지 생각한다

사망보험금이 높으면 비례하여 보험료가 올라간다. 가입한 다른 보험의 사망보험금이 높을 때에는 최소한의 사망보험금을 책정하여 설계한다. 일상생활에서 발생하는 위험을 보장받으려고 건강보험에 가입한다면 주계약 가입금액, 즉 사망보험금이 상대적으로 적은 보험을 선택한다. 그러나 종신보험이나 CI보험, LTC보험, 통합보험에 가입하지 않았다면 사망보험금을 높이 책정하여 설계한다.

2. 어떤 유형의 상품을 선택할지 결정한다

의료실비보험은 보장내용에 따라 질병과 상해(재해)로 인한 의료비를 보장하는 종합보장형과 질병으로 인한 의료비를 보장하는 질병보장형, 상해로 인한 의료비를 보장하는 상해보장형으로 구분하는데 이 가운데 종합형을 선택하는 것이 좋다. 상해만 보장하는 상품에 가입했다면 의료실비보험을 업그레이드하여 가입하는 게 바람직하다.

상품은 주계약으로 판매되는 상품과 특약형태로 판매되는 상품 2가지로 구성되므로 어떤 상품을 선택할지 이미 가입한 보험과 연계하여 결정한다. 의료실비보험은 2009년 10월부터 모든 보험사의 실손의료비 보장이 표준화된 의료비 보장을 목적으로 통합되었으므로 생·손보 상품별 차이는 그리 크지 않다.

3. 보장금액, 보상한도, 기간을 확인한다

보장금액은 의료비 증가 현황과 장래 의료비 인상요인을 고려하여 넉넉하게 책정한다. 의료비의 보상한도와 보장일수는 중대질병과 노후를 대비해 보장가능 한도가 길고 입원 첫날부터 보장되는 상품을 선택한다.

입원의료비는 하나의 질병 또는 상해로 최초 입원일부터 며칠까지 보상되며 보상한도는 얼마인지를 살펴본다. 통원비는 방문 1회당 또는 연간 한도가 얼마인지 살펴보고 한도가 가장 높은 상품을 고른다. 통원치료 때 처방제조비는 처방전 1건당 얼마까지 공제하고 나머지 차액의 몇 %까지 보상하는지, 처방전당 보상한도는 얼마인지, 연간 몇 건까지 공제되는지도 살펴본다.

진단비나 입원 일당을 추가해 가입하는 것이 좋다. 진단비는 1,000만 원에서 5,000만 원까지, 입원 일당은 일당 1만 원에서 3만 원까지 다양한데 불입할 보험료 규모를 고려하여 적정선을 선택한다. 또 운전자보험 등의 통합특약을 선택하면 원스톱 서비스를 받을 수 있다.

4. 보장기간이 길고 갱신할 때 유리한 상품을 고른다

질병 위험은 연령이 증가할수록 커진다. 가입 후 중도에 다시 가입하면 보험료 부담이 늘어나므로 보장기간을 길게 하는 것이 좋다. 상품들은 대부분 갱신계약을 통해 종신보장을 해준다. 주로 3년, 5년 등 일정 기간에 자동갱신되는데 이때 갱신보험료가 상대적으로 저렴하고 보험갱신 때 갱신 직전 보험기간에 보험금 지급 사유가 발생하지 않으면 갱신 후 주계약 보험료에 대하여 일정률 이상의 할인혜택을 부여하는 상품을 선택한다.

갱신계약의 보험료는 갱신일 현재의 보험료율을 적용하므로 당시 나이와 의료수가의 변동, 위험률의 변동 등에 따라 다르다. 그리고 의료비가 일정금액을 초과하면 갱신이 거절될 수 있으므로 자동갱신 때 거절 조항 여부를 확인한다. 갱신특약은 가입자가 유지하지 않는다는 의사표시를 하지 않는 한 계속 유지하는 것으로 간주한다.

5. 중복 가입 여부를 확인한 후 가입한다

실손형 보험은 다수 보험가입 때 비례분담제도를 적용한다. 즉 실손형 보험을 여러 개 가입했더라도 보험금은 보험 건별로 보험가입금액을 기준으로 비례 분할하여 지급하므로 중복 가입할 필요가 없다. 보험사별로 다수보험(우체국 보험, 각종 공제 포함)에 가입(중복 가입)했을 경우 보험사고가 발생하면 해당 보험사에서는 각 계약의 비례분담액을 보상책임액으로 지급한다.

$$\text{계약별 비례분담액} = \text{각 계약의 보상대상 의료비 중 최고액} \times \frac{\text{계약별 보상 책임액}}{\text{계약별 보상 책임액의 합계액}}$$

예를 들어 보험가입금액이 동일한 실손형 보험을 서로 다른 보험사에 두 개 가입했을 경우 회사부담률이 90%로 똑같고 입원으로 100만 원의 의료비가 발생했다면 두 보험사의 약관에서 정하는 보상대상 내용에 따라 보상제외 의료비를 계산하면 보상대상 의료비가 나오고 이에 따라 보상책임액이 산출된다. 이 보상책임액에 따라 비례분담액을 정한다.

6. 보험사 면책조항, 보상과 가입 제외 대상을 알아둔다

의료실비보험에 가입했다고 해서 모든 의료비가 보상되지는 않으므로 면책조항을 반드시 확인해 불이익이 없게 해야 한다. 모든 보험사가 공통적으로 적용하는 면책조항은 치과, 한방 치료에서 발생한 비급여 의료비, 약관에 명시한 질병 또는 상해 치료를 목적으로 하지 않는 건강검진이나 예방접종, 인공유산, 미모를 위한 성형수술, 의료보조기 구입과 대체비용, 자동차보험, 산재보험에서 보상받는 의료비, 상위병실 차액 50% 등이다.

특히 보험대상에서 기본적으로 보상이 제외되는 대상 외에도 보험사마다 보상제외 의료비 내용이 조금씩 다르므로, 선택하려는 회사의 보장하지 않는 항목 가운데 자신이 보장받으려는 사항이 있는지 미리 확인한다. 정작 입원했을 경우 보상되지 않으면 곤란하기 때문이다.

또 의료실비보험이라고 해서 모든 의료비를 보상해주고 누구나 가입할 수 있는 것은 아니다. 알코올중독자이거나 습관성 약품 또는 환각제를 복용하거나 사용하면 보상대상에서 제외되며 피보험자가 전문 등반가이거나 어부, 또는 배를 타는 직업에 종사할 경우에는 가입이 제한된다.

7. 비슷한 보험일 경우 보험료가 저렴한 상품을 선택한다

똑같이 보장하더라도 보험상품 구성 방식과 보험료 산출방법상 차이로 보험사마다 보험료 차이가 발생한다. 특약보험료는 보험료납입 만기 이후에도 납부해야 하므로 현재의 보험료 차이는 은퇴 후 보험료 지불 부담을 안길 수 있다.

보험료 납입기간은 가입할 때 특정 기간까지 정할 수 있지만 의료실비 혜택을 부여하는 의료실비 특약보험료는 일정기간이 아니라 보장이 끝나는 시기까지 납부해야 한다. 예를 들어 20년납, 100세보장 보험상품일 경우 주보험은 20년 납부해야 하지만 의료실비보험료는 100세까지 납부해야 한다. 따라서 보장수준이나 상품 내용이 비슷하면 월 보험료가 몇 천 원이라도 저렴한 보험상품을 선택한다.

8. 보험서비스가 확실한 보험사와 컨설턴트를 만난다

보험금 청구 횟수가 가장 많은 상품이므로 보험사고 발생 때 보험금 청구 절차가 간편하고 청구금액을 하자 없이 신속하게 지급하는 보험 사를 선택한다.

상품을 설계할 때에는 기존 가입 보험증권을 통합적으로 분석한 후 보험료에 누수가 발생하지 않고 만족은 최대한 누릴 수 있게 합리적으로 설계해줄 보험컨설턴트를 선택한다.

건강보험은 일상생활에서 자주 발생하는 입원과 통원 치료비를 보상하므로 보험 가입자를 대신하여 치료비나 진료비 등 보험금 청구 업무를 신속하고 깔끔하게 처리하는 보험컨설턴트를 만나야 개인 부담을 줄이면서 가입 효율성을 높일 수 있다.

9. 적정한 적립보험료와 부리이율을 살펴본다

실비보험은 대부분 자동갱신 계약으로 적립보험료가 발생한다. 적립보험료는 갱신되는 특약으로 인해 보험료가 인상될 때 추가되는 부분을 감안해 설정한 금액이다. 적립금(갱신예비부분 책임준비금)이 쌓이면 인상된 보험료(갱신보험료)를 대체 납입하고 만기가 되었을 때에는 남은 금액은 환급한다.

갱신 시기마다 보장보험료는 올라가고 갱신보험료는 내려간다. 적립보험료는 공시이율을 적용하는데, 부리이율에 따라 적립금에 차이가 있으므로 비교해본다. 적립보험료는 목돈마련 목적이 아니고 보험료납입 만기 후에도 납부해야 하기 때문에 순수보장형에 가깝도록 적정선에서 납입하게 설계한다.

10. 고지의무 위반 여부를 세밀히 체크한다

건강보험은 다른 유형의 보험상품보다 고지내용의 조건이 매우 까다롭다. 건강보험에 가입할 때에는 과거 병력이나 약물복용 여부를 잘 살펴야 한다.

병원에서 진단과 치료를 받은 적이 있으면 무조건 고지해야 나중에 불이익을 당하지 않는다. 과거병력의 고지기간은 최근 5년 이내다. 부담보상품의 경우에는 부담보기간이다.

11. 가능한 한 일찍 가입하는 것이 바람직하다

모든 상품이 다 그렇지만 실비보험도 하루빨리 가입하는 것이 좋다. 그 이유는, 첫째, 연령이 높아질수록 질병 위험률이 높아져 보험료가 비싸진다. 특히 상령월(보험연령 계산 시 나이가 한 살 올라가는 달) 이전에 가입해야 보험료도 절감된다. 둘째, 갑작스러운 질병, 혈압, 당뇨 등으로 현재는 가입할 수 있으나 나중에는 가입하지 못할 수도 있다. 셋째, 위험률이 점점 높아져 시일이 경과할수록 보장 내용이 축소되면 되었지 늘어나는 상품은 시판하지 않기 때문이다.

보험사고 발생 때 보험금 청구서류 체크포인트

실손의료비 보험은 보험금 청구횟수가 매우 잦으므로 보험사고가 발생했을 경우 보험금을 청구할 때에는 필요한 서류를 빠짐없이 체크하여 보관했다가 보험사에 바로 제출해야 더욱 빨리 보험금을 받을 수 있다. 이것이 바로 시간과 돈을 절약하는 보험테크다.

첫째, 보험금 청구 때 보험금을 빨리 받으려면 입원의료비를 청구할 때 진료비 계산서와 진료비 세부 내역서 등을 꼭 첨부하여 제출한다.

둘째, 보험 가입 단계에서 건강검진 증명자료를 요구할 수 있으므로 병원에서 건강검진을 받을 때에는 꼭 건강진단서를 발급받아 보관했다가 제출한다.

셋째, 수술비용과 입원비용을 청구할 때 일반진단서는 필수작성 항목이 병원마다 다를 수 있으므로 진료 내용 가운데 보험금 지급 관련 사항이 빠짐없이 기록되었는지 확인한 후 제출한다.

넷째, 입원비만 청구할 경우 입·퇴원확인서에 병명이 기록되어 있으면 진단서 없이 입·퇴원확인서만으로 보험금을 청구할 수 있다.

다섯째, 3대 성인병인 암, 뇌졸중, 심근경색을 진단할 때에는 진단서 외에 해당 약관에서 정하는 첨부서류를 꼭 챙겨두었다가 제출한다.

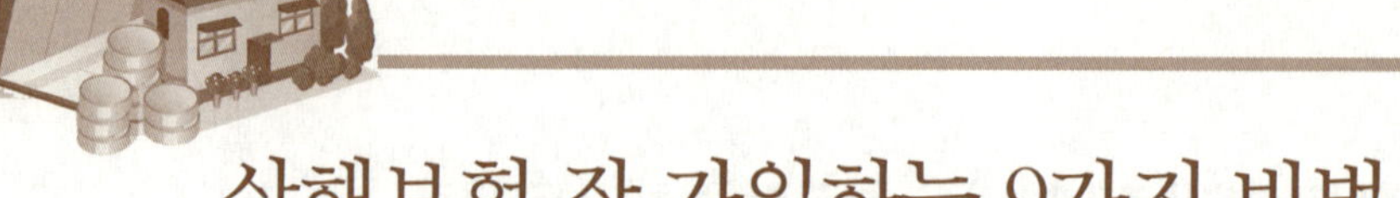

상해보험 잘 가입하는 9가지 비법

　　상해보험은 피보험자가 급격하고도 우연한 외래의 사고로 신체상에 상해를 입거나 그 결과로 일상생활과 업무에 지장을 받는 장해를 입었을 경우에 보상해주는 상품이다.

　　즉 교통사고, 산업재해, 화재·폭발, 가스중독, 스포츠·레저 사고, 국내외 출장 및 여행 사고는 물론 피보험자와 그 가족의 일상생활 중 일어나는 예기치 않은 각종 사고로 신체를 다치거나(상해) 사망했을 경우 보상해주는 건강보험 상품이다.

　　요즘 사람들은 사후(死後)의 상속에 중점을 둔 사망보장보다는 생전(生前)에 치료비 중심의 생활보장 상품을 더 선호한다. 상해보험은 어느 보험보다도 일상생활과 밀접한 사고로 보험사 문을 많이 두드리는 상품이므로 가입 시 잘 살펴보고, 가입 이후에도 하자 없이 관리하고 대처해야 실속 있게 혜택을 볼 수 있다.

1. 상해보험의 보험사고 성립요건을 알아둔다

상해보험은 질병으로 인한 일반사망을 담보하는 상품이 아니라 재해로 인한 사망과 후유장해를 집중적으로 담보하는 상품이다. 따라서 상해보험은 급격성과 우연성, 외래성 등 3가지 기본요소가 복합되어야만 보험금 지급조건이 성립된다.

결과를 예측할 수 없는 급박한 상태로 우연히 외부의 원인에 의하여 발생한 사고에 대해 보상해주는 보험이 상해보험이므로 이를 잘 알아야 보험사고 발생 시 스스로 상해 적합 여부를 판단할 수 있다.

2. 인생 3L에 따라 보장 내용을 달리 선택한다

다른 보험상품도 그렇지만 상해보험은 자신 또는 가족의 인생 3L(Life Cycle, Life Style, Life Stage)에 따라 상품의 보장 내용을 선택

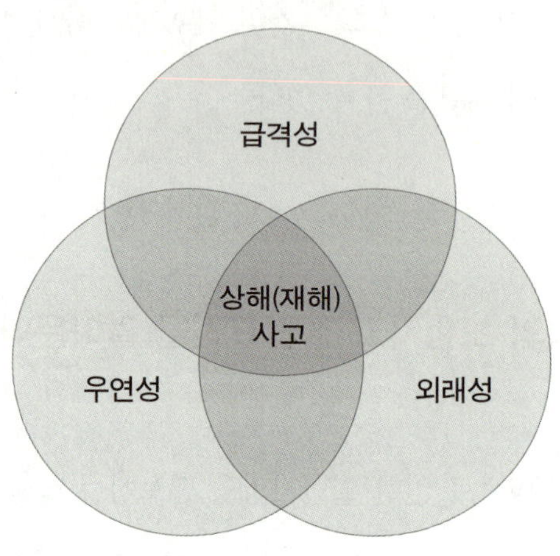

하는 방법을 달리할 수 있다.

예를 들어 사무직 종사자라면 출퇴근이나 야간 또는 주말에 외부활동을 많이 해 이 시기에 재해사고에 노출될 위험이 크므로 이런 시간대에 발생하는 사고를 중점적으로 보장하는 상품을 선택하는 것이 바람직하다.

3. 보장의 범위와 내용을 꼼꼼히 파악한다

상해보험을 선택할 때는 실속 있는 보장을 받도록 설계한다. 모든 교통수단과 재해로 인한 사고를 포괄적으로 보장하는지, 일상생활에 밀

접하게 관련되는 보상 내용인지, 가족 모두 해당되는지, 어떤 유형까지 몇 가지를 보상해주는지를 먼저 체크한다.

교통사고나 재해사고의 경우 사망 또는 후유장해보다는 상해, 골절 등으로 수술하거나 입원 치료를 받는 빈도가 훨씬 높은데 이때 제대로 보장을 받지 못하면 실질적인 도움이 안 된다.

일상적인 재해사고 시 가장 많은 혜택을 봐야 하는 입원비, 수술비, 응급치료비, 골절수술비, 건강회복자금 등이 하자 없이 지급되는지 확인한다. 그리고 장기 입원 치료 시 또는 후유장해일 경우에는 언제까지 어떻게 지급하는지 확인한다.

4. 장해등급 판정 시 또는 사망 시 보장금액을 확인한다

재해로 장해등급 판정을 받을 때 사망 시의 보장금액과 후유장해 판정을 받았을 때의 후유장해 보험금을 확인한다. 특히 재해나 교통사고로 후유장해등급 판정을 받게 되면 본인은 살아 있으면서도 경제적인 생활을 할 수 없어 전적으로 가족의 도움을 받으면서 기약 없이 살아야 하므로 보험금 규모는 매우 중요하다. 장해 상태로 살아가는 데 충분한 금액이 보장되도록 설계한다.

이런 사고를 당했을 경우 경제적으로 여유라도 있으면 괜찮지만 그렇지 못하면 가족은 육체적·정신적으로뿐만 아니라 경제적으로도 상당히 고통스러운 나날을 보낼 수밖에 없다. 재해사망보험금은 유족이 경제적으로 곤란하지 않은 적정 수준으로 책정한다.

5. 보장 담보 내용에 제약조건이 있는지 살펴본다

상해보험은 보험상품 가운데 저렴한 보험료로 가입이 가능한 상품에 속한다. 그러다보니 보장을 담보하는 내용에 많은 제약조건이 따른다. 모든 교통수단에 대해 포괄적으로 보장하는 상품인지 아니면 특정 교통수단(주말이나 대중교통 등 특정 조건)에 사고를 당해야 보상해주는 상품인지, 차량탑승 중 사고의 경우 어디까지 보상되는지, 무보험 차량이나 뺑소니에 의한 사고보장 여부 등을 반드시 확인한다.

이런 구체적인 내용은 해당 약관에 기재되어 있으므로 꼼꼼히 읽어본다. 보험 가입 시 약관 내용의 확인은 기본이다.

6. 남녀에 따라 보험료가 다른지 확인한다

똑같은 보장 내용인데 남녀의 보험료가 같은 상품도 있다. 보험료 책정 시 재해 또는 장해보장은 남녀가 위험률을 같이 쓰기 때문에 보험료가 같게 책정된다. 보험료 규모가 다르면 다른 보장 급부 내용이 추가되는 것이므로 이를 잘 살펴본다.

이때 보험료는 여자보다는 남자가 더 비싸다. 따라서 남자의 경우는 여자와 보험료가 같은 회사의 상품을 선택하는 것이 더 이롭다. 물론 여자의 경우는 남녀별로 보험료가 다르게 책정된 상품이 더 좋다.

7. 통지의무를 반드시 지켜야 한다

상해보험은 질병보험과 달라 가입 전 고지의무가 복잡하지 않다. 그런데 가입 이후에는 약관에서 정한 통지의무는 꼭 지켜야 한다.

상해보험약관에는 보험가입 당시의 직업(또는 직무)이 보험가입 후 변경되었을 경우 보험계약자(또는 피보험자)는 이를 보험회사에 서면으로 알리도록 규정되어 있다(이를 통지의무라고 함). 만약 이를 알리지 않았다가 변경된 직업(또는 직무)과 관련된 사고가 발생한다면 직업 변경 전후의 보험료 비율에 따라 보험금이 삭감 지급될 수 있으므로 직업이 변경되면 반드시 보험사에 통지해야 한다.

8. 보험사 선택을 잘한다

상해보험은 일반적으로 의료실비보험 안에 상해 보장 내용이 설계된다. 따라서 일상생활 중에 발생하는 보험사고 빈도가 높고, 큰 사고를 접할 경우도 많으므로 보험사의 사후서비스는 매우 중요한 선택 요소이다. 그리고 보험사 재무상태는 보험금의 지불능력과 신속성에도 영향을 미치므로 잘 살펴보고 결정한다.

9. 가입 시 보상이 안 되는 경우를 꼭 알아둔다

상해보험에서는 다음과 같은 사유로 생긴 손해는 그 원인을 불문하고 보상하지 않는다고 약관에서 규정하고 있다.

- 보험계약자나 피보험자 또는 보험수익자의 고의 사고

- 피보험자의 자해, 자살, 자살미수, 범죄행위, 폭력행위, 형의 집행 (단, 정당방위로 인정되는 경우에는 보상함)

- 피보험자의 무면허운전 또는 음주운전 사고(단, 음주운전의 경우 법원에서는 보상해야 한다고 판결하였음)

- 피보험자의 뇌질환이나 질병 또는 심신상실

- 피보험자의 임신, 출산 또는 외과적 수술과 치료 중 사고(단, 회사가 부담하는 위험의 결과로 상해를 치료하는 경우에는 보상함)

- 피보험자의 의수, 의족, 의안, 의치 등 신체 보조기구에 입은 손해

- 지진, 분화, 해일 또는 이와 비슷한 천재지변에 의한 손해

- 선박 승무원, 어부, 사공, 기타 선박에 탑승하는 것을 직무로 하는 사람이 직무상 선박에 탑승하고 있는 동안 발생한 사고

- 전쟁, 외국의 무력행사, 혁명, 내란, 사변, 폭동, 소요, 기타 이들과 유사한 사태로 인한 피해

- 핵연료 물질 또는 이에 의하여 오염된 물질의 방사성, 폭발성 또는 그 밖에 유해한 특성에 의한 사고

- 기타 위 이외의 방사선 조사 또는 방사선 오염 등에 의한 피해

그리고 다음과 같은 행위를 하는 동안에 생긴 손해에 대하여는 보상

하지 않는다(단, 미리 이에 해당하는 보험료를 받았을 때는 보상한다).

- 전문 등반, 글라이더 조종, 스카이다이빙, 행글라이더 또는 이와 비슷한 운동
- 모터 보트, 자동차 또는 오토바이에 의한 경기, 시범 또는 시운전 중 발생 사고(단, 공용도로상에서 시운전을 하는 동안 발생한 상해는 보상함)
- 항로의 항공기가 아닌 다른 항공기를 조종하는 동안 발생한 사고 등

보험테크 TIP

상해보험은 상법에서는 인보험으로 분류하고 있어 언뜻 보면 생명보험 같다. 사고가 발생하였을 경우 상해의 정도에 따라 계약 당시에 약정한 일정한 보험금액을 지급하는 정액보험 상품이란 점에서는 생명보험과 같지만, 실제로 소요되는 치료비 등 기타의 비용을 지급하는 보험이다.

즉 실제로 입은 손실에 대하여 보상해주는 실손보상보험이므로 손해보험의 성격도 지니고 있어서 '제3분야 보험'이라고 한다. 상해보험 상품은 정부에서 보장성보험으로만 판매할 수 있도록 규정하고 있다.

보장자산과 연금자산 최적 규모

몸값을 높여 재테크파이를 키워라

'사람의 능력을 경제적 측면에서 객관적으로 평가하는 잣대는 무엇일까?

현재 그 사람의 연봉이 가장 중요한 잣대가 될 것이다. 종신보험이나 정기보험 등 가장의 사망위험에 따른 리스크를 집중적으로 보장해주는 생활보장보험에 가입할 때는 우선 경제적으로 가장이 어떠한 가치가 있는지 따진다. 즉 몸값과 보험금 규모가 거의 비슷해야만 보험이 가정의 재정안정을 위한 안정망으로써 역할과 책임을 다할 수 있다.

가정의 보장우산에 구멍이 뚫리면 재테크를 아무리 잘하려고 해도

돈이 모이지 않는다. 가정에 보장우산이 뚫리지 않게 하는 가장 좋은
방법은 내 몸값에 알맞은 보장우산을 구입하는 것이다. 내 몸값이 높
아야 경제적 여력이 생겨 보장자산의 파이도 크게 할 수 있다.

가장의 경제적 생명가치 = 보장자산 규모

보장자산은 현재 가족이 처한 입장, 즉 부부의 맞벌이 여부(경제능
력), 자녀 나이, 가정경제규모, 유산상속 정도, 현재까지 준비된 자금
등에 따라 규모가 매우 다르게 나타난다. 그중 경제적 능력이 있는 사
람이 사망하거나 후유장해를 당했을 경우를 가정해서 보장자산의 규
모를 책정하는 것이 합리적인데 이를 알려면 '가장의 경제적 생명가
치'를 먼저 파악해야 한다.

사람의 생명을 돈으로 따질 수 없지만 만약의 사태를 대비하려면 전
혀 생각지 않을 수도 없다. 경제적 가치인 가장의 목숨 값에 대하여 생
명보험학의 대가인 휴브너(Huebner) 박사는 '생명보험에서 사람의 생
명가치는 초과수입(자신의 생활비와 그 밖의 비용을 초과하여 얻는 수입)'
이라고 하였다.

따라서 가장의 경제적 생명가치를 비용으로 환산한 보장자산 규모

는 가장이 사망하거나 후유장해를 당했을 경우 가장이 사고를 당하기 전의 생활로 되돌아갈 수 있도록 가족의 경제적 자립기반을 마련하는 데 필요한 제반 생활경비와 같다고 할 수 있다.

보장자산은 연소득 3배 이상 설계 확보

일반적으로 생활보장자산은 가입자 연간 소득의 3~7배 범위 안에서 책정하는 것이 가장 좋다. 예를 들어 맞벌이 부부일 경우나 50세 중반 이상이 가장인 경우는 3배 정도, 40대 중산층 가정은 5배 이상으로 설계해도 무방하다.

그러나 외벌이 40대 이하 가장 또는 자녀가 어린 30대 가장의 경우에는 최소한 7배 정도는 되도록 설계한다. 여기서 연간소득의 7배로 계상하는 것은 가장 사망 시 경제적 자립기간을 최소한 10년 정도로 잡고 유가족의 생활비로는 가장 월소득의 70% 정도가 들어갈 것으로 판단했기 때문이다.

그런데 많은 사람들이 보험에 가입할 때 나중에 받게 되는 보험금 규모보다는 현재시점에서 지불해야 하는 보험료 규모에 더 신경 쓴다. '매월 보험료가 얼마 들어가는가?' '언제까지 보험료를 내야 하는가?'

를 먼저 따진다. 보험금 규모보다는 보험료 규모에 맞춰서 보험에 가입하려는 경향이 있는데 이는 잘못된 방법이다.

보험에 가입할 때에는 장래 발생할 위험의 규모를 미리 판단해야만 사고가 발생해 경제적으로 어려움에 처해도 예측했던 보험금이 지급되어 손실을 보전해주기 때문에 불편 없이 살아갈 수 있다.

사고를 당하여 고생을 겪어보지 않은 사람은 실감이 안 나겠지만 사고를 당한 가족의 심리적·경제적 고통은 이루 말할 수 없다. 이때 보험으로 경제적 고통만이라도 덜어주는 것이 최선책이라 할 수 있다.

노후자금은 현재 월생활비의 50~70%가 적당

은퇴 이후 필요한 연금자산의 규모는 소득, 생활수준, 거주지에 따라 다르므로 현재 시점에서 매월 수입을 얼마나 올리고 있고 언제까지 소득 확보가 가능한지에 따라 은퇴 이후 노후생활자금을 책정하는 것이 가장 합리적이다. 특히 은퇴 이후 매월 얼마를 노후생활비로 활용할 것인지 계산하면서 연금 포트폴리오를 적절히 조정해나가는 기술이 필요하다.

노후생활자금으로 적정한 규모는 배우자가 있을 경우 현재 월생활비 규모 대비로 환산해 70% 정도, 배우자가 없을 경우 50% 정도면 어느 정도 안락한 노후를 보낼 수 있을 것으로 판단된다. 물론 이는 현재 시점에서 판단한 것이므로 실제로 계산할 때에는 물가상승률을 감안해야 한다.

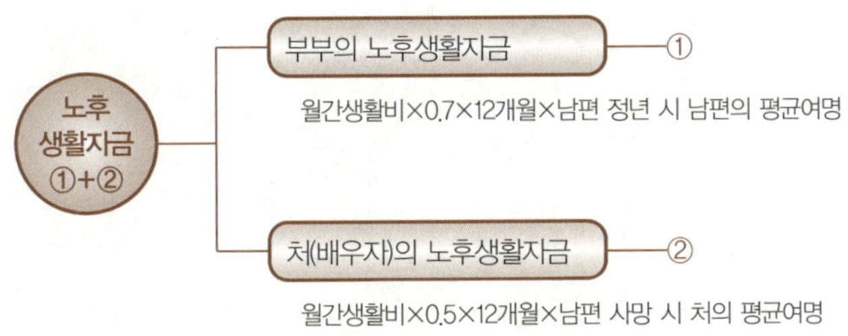

연금 노테크를 추진해나갈 때는 위 공식에 따라 현재 자신의 나이와 배우자의 나이를 고려하고 현재 시점의 월생활비를 적용하여 공식에 대입하면 대수의 법칙에 입각해 총 얼마 정도의 노후자금이 자신과 배우자를 위해 필요한지 산출할 수 있다.

이렇게 하여 총연금액을 산정한 후 연금보험에 가입할 때 대개 아내가 남편보다 나이가 적고 더 오래 살므로 아내를 보험수익자로 하면 실질적으로 수령하는 연금자산은 증가하면서 연금보험료는 상대적으로 줄어드는 효과를 볼 수 있다.

보험료 규모 짜임새 있게 재단

가계소득에 맞춰 보험 포트폴리오

보험에 가입할 경우 경제적 능력을 고려하여 보험료 규모를 신중히 책정한다. '가다가 중지 곧 하면 아니 간만 못하다' 는 말과 같이 형편이 빠듯한데도 무리해서 보험을 들면 계속 유지하기가 곤란하여 중도 해약하게 된다.

그렇게 되면 손해가 큰 것은 물론 보장혜택도 못 받는다. 따라서 보험에 가입할 경우 가계소득을 고려하고 포트폴리오에 입각하여 유효적절하게 안분비례하는 것이 가장 바람직하다.

보험료 규모를 정할 때는 보험금 규모를 책정할 때와 같이 보험상품의 성격과 가입목적에 따라 순수한 재산증식을 위한 자산형성 보험료와 노후자금을 마련하기 위한 은퇴자산 마련 보험료, 만일의 사태에 대비한 보장자산 마련 보험료 등 3가지로 나누어 책정하는 것이 바람직하다.

생활보장보험료는 소득의 8%가 적당

생활안정을 보장하기 위해 가입할 경우 적정 보험료 규모는 본인소득의 8% 정도가 적당하다. 여기에는 자동차보험을 제외한 다른 모든 보장성보험과 손해보험뿐만 아니라 교육보험, 양로보험도 포함된다.

따라서 종신보험, CI보험(치명적 질병보험) 등 종합보장형 상품에 가입할 경우 본인 소득의 5%선에서 적합한 보험상품을 골라서 가입한다. 나머지 3%는 자녀를 위해서 또는 건강보험 상품에 가입할 때 활용한다.

월급이 200만 원인 사람은 저축성보험과 자동차보험을 제외한 질병보험, 실비보험, 상해보험, 순수보장성보험, 운전자보험, 종신보험 등 생활보장자산을 확보하기 위해 가입하는 보험의 액수는 모두 합하여 20만 원을 초과하지 않게 한다.

소비성으로 지출되는 보험료인 만큼 본인 소득의 10% 이상이 지출되면 일상생활에 무리가 오고 자칫 중도해지라는 나쁜 결과로 이어질 수 있다.

경우에 따라서는 보험료가 부담되어 매월 시름하면서 해약하기도 아깝고 유지하자니 생활에 부담되는 계륵과 같은 처지가 될 수도 있다. 보험은 가입하는 것도 중요하지만 올바로 유지해서 수혜를 받는 것이 더 중요하며 이것이 보험에 가입하는 가장 큰 목적임을 잊어서는 안 된다.

연금보험료는 소득의 10% 이상 책정

현재 저축할 수 있는 보험료 규모를 산출한다. 매월 얼마를 불입할 수 있는지를 잘 계산한다. 연금보험료의 월납입규모는 나이에 따라 다르지만 본인 소득의 10% 이상으로 책정하는 것이 이상적이다.

이 경우 먼저 교육보험, 질병보험, 운전자보험 등의 가입 여부를 확인해야 한다. 만약 저축성보험을 제외한 다른 보험상품에 가입하여 매월 납입하는 보험료가 연소득의 8% 이상 된다면 이를 구조조정하고 난 뒤 연금보험을 드는 것이 바람직하다. 보험료 규모가 너무 크면 가계에 부담이 되어 계속 유지할 수 없는 상황도 발생하기 때문이다.

직장인은 퇴직연금에도 가입하고, 국민연금보험료의 50%를 사업주가 내주지만 자영업자는 퇴직연금은 가입할 수조차 없고 국민연금보험료도 전부 본인이 부담해야 하므로 반드시 본인 소득의 10% 이상으로 책정하여 연금보험에 들어야만 안락한 노후가 어느 정도 보장될 수 있다.

본인과 배우자의 기나긴 노후를 위해 본인 소득의 10%는 반드시 갈무리하는 습관을 길러야 한다. 그러나 필요자금을 선정한 다음에는 가능한 한 그에 따른 매월 불입금액이 너무 벅차지 않을 정도만 가입하되 이 경우 현실적으로 연금자산 마련에 가장 걸림돌(?)이 되는 자녀 교육비에 대한 냉철한 구조조정과 보험 포트폴리오 리밸런싱이 필요하다.

보험, 하루라도 빨리 가입해야 하는 이유

보험은 젊었을 때 미리 가입해야 유리

보험의 필요성과 목적이 분명하게 정해져 어느 상품에 가입하는 것이 좋은지 생각하고 있다면 되도록 빨리 가입하는 것이 경제적으로 도움이 된다. 나이가 어리면 어릴수록 보험료가 저렴하기 때문이다. 한 살 차이는 단순히 가입할 때에만 보험료 차이를 내는 것이 아니다.

의료실비보험이나 종신보험 등 생활보장상품의 경우 상품개발 시 손해율과 생존율을 따지므로 나이를 먹을수록 삶의 리스크가 커지기 때문에 당연히 보험료가 올라간다.

특히 연금보험이나 저축성보험 등 목적자금을 마련하기 위해 가입하는 생존보험상품은 기간수익(불입기간과 수령기간의 차이에 따라 발생하는 수익률)을 고려해서 하루 빨리 가입해야만 재테크 실현이 더 빨리 가시화된다.

그리고 대부분의 생활보장상품은 60세 이상이면 가입하기가 쉽지 않다. 특히 질병과 관련된 상품은 50세만 넘어가도 건강진단을 받아야 하는 등 가입조건도 까다롭고 보험료도 매우 비싸서 가입하고 싶어도 엄두가 안 나는 경우가 많다. 설령 나이가 많아도 가입할 수 있는 보험이 있다 해도 이런 보험은 일상생활에 별로 도움이 안 되는 단순조립형의 순수보장성보험인 경우가 대부분이다.

따라서 가능한 한 젊었을 때 여러 질환이 많이 발생하는 노후에도 계속 보장을 받을 상품에 가입하는 것이 가장 현명한 방법이다.

반드시 상령월 이전에 가입해야 이익

상령월(霜翎月)이라는 말을 들어보았는가? 보험수리에서 주로 사용하는 전문용어인데 보험연령을 계산할 때 나이가 한 살 올라가는 달을 말한다. 즉 주민등록상에 기재되어 있는 호적생일부터 6개월이 경과한 날을 일컫는 것이다.

'나이 한 살 차! 에구, 그거 보험료 차이가 얼마나 날라고. 나중에 여유 있을 때 가입하지 뭐.'

만약 이렇게 생각하고 있다면 정말 잘못 생각하는 것이다. 같은 나이라도 보험 나이는 적용방식이 달라 주민등록상 만 나이를 적용하여 현 시점에서 자투리가 6개월 미만인 경우에는 만 나이만 계산하므로 조금 일찍 들면 더 많은 이익을 볼 수 있다.

장기보험에서 보험 나이 한 살의 차이는 누적보험료 규모에 많은 차이를 가져온다. 기간이 경과할수록 보험료 지불액을 크게 한다. 같은 조건으로 보험에 가입하려 한다면 이익을 볼 수 있도록 관심을 기울여야 한다. 조금만 신경 쓰면 더 많은 이익을 볼 수 있다.

신규 경험생명표 적용으로 보험료 증가

보험은 보험가입자들의 성별, 연령별, 사망률과 남은 수명 등을 예측하여 상품을 만드는데 이때 보험료 산정기준이 되는 중요한 요소가 경험생명표이다. 경험생명표는 보험가입자만을 대상으로 하여 연령별로 사망률과 잔여수명을 작성한 표로 보험개발원이 약 3년 주기로 산출한다.

평균수명이 길어짐에 따라 생존율이 늘어가는 연금보험이나 의료기술로 질병치유 확률이 높아지면서 이에 따라 치료비가 증가되는 질병보험, 건강보험 상품 등 생존보험 또는 만기환급부 상품의 보험료는 경험생명표가 바뀔 때마다 올라가게 된다. 그러므로 신규 경험생명표를 적용받기 전에 보험상품에 가입하는 것이 유리하다.

변액보험은 가입 시기 늦을수록 손해 폭이 더 크다

변액보험은 가입하는 시기가 늦어지면 늦어질수록(보험 나이가 많아질수록) 동일기간 보험료를 불입하더라도 수익률이 떨어지게 되어 이에 따라 실질적인 손해를 보게 되는 결과를 초래한다. 그 이유는 변액보험상품은 보험료 구성 요소 중 위험보험료의 적용 방법이 다른 보험상품과는 다르기 때문이다. 피보험자가 사망할 위험은 나이에 따라 점점 커지므로 원칙적으로 연령별로 위험보험료가 각각 다르다.

일반보험은 전 연령에 대한 각각의 위험보험료를 평균한 단일보험료를 가입 시 적용하므로 나이가 많아지더라도 이 보험료가 변동되지 않는다. 그러나 변액보험은 나이에 따라 매년 증가하는 해당 위험률을 적용(자연보험료 방식)하므로 나이가 많아짐에 따라 위험보험료도 늘어나게 된다.

예를 들어 만약 40세가 되면 41세 하고 위험보험료가 매월 약 2,000원 정도 차이가 나지만 50세와 51세는 약 5,000원 정도 차이가 발생하고, 60세는 약 1만 5,000원 정도 차이가 난다. 즉 나이를 먹을수록 한 살이란 단순한 차이가 더 크게 벌어지게 되는 것이다. 80세에는 무려 매월 10만 원 정도의 차이가 발생한다. 90세가 되면 자그마치 매월 30만 원 이상 차이가 난다.

이와 같이 변액보험은 계약자가 매월 동일한 보험료를 납입하더라도 나이가 한 살 많아질 때마다 위험보험료가 많아지므로 특별계정으로 투입되는 저축보험료는 매년 줄어들게 된다. 펀드로 투자되는 금액이 점점 줄어들게 되므로 수익률이 떨어진다는 의미이다.

따라서 변액보험상품으로 목적자금 마련계획을 세웠다면 하루라도 빨리 가입하는 것이 가장 바람직한 보험테크 방법이다. 재테크 차원에서 변액보험을 선택한다면 반드시 가족 중 가장 어린 사람을 피보험자로 하는 것이 효과적이다.

보험료할인혜택 계속 받는 10가지 비법

1. 보험기간과 보험료 납입기간은 길게

보험이 제공하는 보장의 수혜효과를 많이 보려면 보험기간이 긴 상품을 고른다. 그리고 동일한 상품의 경우 납입기간이 긴 상품과 짧은 상품의 보험료는 아주 다르므로 현재 경제 규모를 고려해서 보험료 납입기간을 선택하는 것이 좋다.

저축성보험은 소득공제혜택을 받지 못하므로 길든 짧든 상관없지만 보장성보험이나 연금보험은 보험료 납입기간에는 납입한 보험료 범위 내에서 일정금액의 소득공제혜택을 볼 수 있으므로 납입기간이 길수록 좋다.

소득공제혜택은 보험료를 낼 때만 받을 수 있다. 보험기간이 아무리 길다 해도 보험기간에 보험료를 내지 않을 때에는 소득공제혜택도 받을 수 없다. 또 보험료 납입기간이 길면 중대한 보험사고가 발생했을 때 보험료 면제혜택이 주어진다.

2. 부부계약 또는 가족계약 선택

부부가 같이 보험에 가입할 수 있는 상품이 있다면 함께 가입하는 것이 좋다. 이때 여자를 피보험자로 하면 보험료를 할인받을 수 있다.

일반적으로 여자는 남자보다 보험료가 20~30% 저렴하다. 이 경우 가정의 주소득원이 누구냐가 보험료를 할인받는 것보다 더 중요하기 때문에 신중히 결정한다. 가족간 보험계약의 승계가 가능한 상품 등 가족계약 상품을 가입하는 것도 보험료를 절약하는 방법이다.

3. 단일보험료 상품 선택

보험료는 대부분 피보험자 나이에 따라 각기 다르게 책정해놓고 있다. 그러나 발생확률이 높은 위험을 보장해주는 상품이 아닌 일반보장 상품 중에는 나이 제한이 없는 것도 있다.

누구나 연령에 관계없이 발생할 여지가 있는 상해보험, 순수보장성 보험 등의 상품은 연령에 상관없이 단일보험료를 적용하는 경우도 있다. 상해사고는 연령과 큰 관계가 없기 때문에 보험사는 이런 상품의 경우 평균 연령대 위험률로 보험료를 산출한다.

단일보험료는 대개 가입대상자의 중간나이를 적용해 계산하므로 이럴 경우 나이가 어린 사람은 약간 손해이겠지만 나이가 많은 사람은 보험료를 상대적으로 적게 내기 때문에 이익이다.

상해보험에 가입한다면 보장을 여러 가지 넣지 말고 단일보험료를 적용하는 상품을 선택한다.

4. 무진단 상품 가입

건강진단을 받는 상품은 보험료에 건강진단비가 포함된다. 그만큼 위험 발생률도 높기 때문에 무진단 상품보다 보험료가 비싸다. 꼭 필요한 위험을 담보로 보장하지 않는 한 무진단 상품에 가입하는 것이 보험료를 절약할 수 있는 방법이다. 그리고 무진단 상품은 가입조건이 까다롭지 않으므로 누구나 가입할 수 있다.

5. 건강은 보험료 절약 비결

건강은 재산이 아닌 재테크다. '건강체 할인 서비스제도'로 몸에 아무런 이상이 없는 건강한 사람(건강체 또는 우량체라 함)은 다른 사람들보다 보험에 가입할 때 보험료 할인혜택을 받는다. 보험료 할인을 받지 않는 사람보다 매월 5~15%까지 보험료를 덜 낼 수 있다.

예를 들어 종신보험이나 CI(치명적 질병)보험에 가입했을 경우 정상체의 월납보험료가 20만 원이라면 우량체는 18만 원 정도다. 이를 20년 동안 불입한다고 가정하면 원금만 480만 원이 절약된다. 그리고 흡연자라 하더라도 담배를 끊으면 보험료가 줄어든다.

건강체의 조건은 첫째, 보험가입 직전 1년 이상 흡연사실이 없어야하고, 둘째, 혈압(수축기 최대혈압 110~135mmHg), 비만지수, 심전도, 간기능 검사 등에서 정상 판정을 받아야 한다. 금연이 건강을 위한 필수조건임과 동시에 보험료를 절약하는 방법이 된다는 사실을 알고 건강에 신경 쓰자.

6. 실질적으로 도움 되는 특약 선택

특약은 주보험으로는 완전히 보장할 수 없는 부분을 보완하기 위해 선택하는 상품이므로 필요한 특약만 골라 가입하는 것이 보험료를 절약할 수 있는 방법이다.

종신보험에 가입할 경우 주계약은 사망에 따른 사망보험금만 담보하지만 특약은 사망보험금은 물론 질병이나 입원, 상해, 치료비 등 다양한 명목으로 보험금을 받을 수 있다.

또 주계약은 만기가 없기 때문에 보험료가 다소 비싸지만 특약은 만기가 정해져 있어 사망을 담보하는 특약이라도 보험료가 싸다. 은퇴 이후에는 사망보험금보다 은퇴자산이 주목적이 될 것이므로 60세까지만 사망보험금을 높이고 그 후에는 주계약 가입금액은 낮추고 정기특약을 통해 부족한 보험금을 보충하면 보험료가 절감된다.

예를 들어 종신보험 가입금액이 2억 원일 때 보험료(35세 남자, 20년 납입기준)가 29만 2,000원이라 한다면 주보험을 보험금 1억 원으로 하고 65세까지 보장받는 1억 원의 정기특약을 추가하면 보험료는 19만 7,000원으로 줄어들어 9만 5,000원의 보험료 절감효과를 볼 수 있다.

특약을 선택할 때는 기존에 가입한 보험과 중복되지 않게 한다. 특히 실비보험은 중복 가입한다고 해서 더 보장받지 않으므로 중복 가입하면 오히려 손해다.

7. 단체할인혜택 많은 상품 가입

직장에서 단체로 가입하는 보험상품이 있을 경우 설사 보험료를 부담하는 한이 있어도 적극 활용하면 보험료를 절감할 수 있다. 보험을 단체로 가입하면 개인이 가입할 때보다 1% 이상 보험료가 저렴하다. 건강진단 없이도 가입할 수 있는 경우가 많으며 보험료를 급여에서 공제할 수 있기 때문에 주소 이전, 실효 등 계약의 장기간 유지에 따른 불편함을 해소할 수 있어 여러모로 편리하다.

직장을 그만두어도 보험계약을 개인으로 전환해서 유지할 수 있다. 단, 5인 이상이 단체로 들어야 한다. 동일한 상품에 가입하려는 사람이 주변에 5인 이상 있을 경우 같이 들면 이익이다.

8. 자산가는 고액으로 설계 가입

고액 보험료를 지불할 여력이 있다면 이 회사, 저 회사에 분산하여 가입하지 말고 우량보험사에 몰아서 가입하는 것이 현명한 보험테크 방법이다. 고액보험료 할인서비스 제도가 있기 때문이다.

보험료 할인율은 장기목적자금 마련 시 수익률에 직접 영향을 미친다. 보험료를 할인해준다는 것은 사업비를 줄여준다는 의미다. 장기저축성상품은 고액계약자에게 유리하게 설계되어 있어 보험료 규모가 클수록 보험료 할인혜택이 더 크다.

예를 들어 변액유니버설보험에 월 100만 원씩 불입할 경우 매월 기본보험료의 1%를 할인해주므로 펀드에 투자되는 비용이 같은데도 월 보험료를 99만 원만 내면 된다. 이때 매월 할인해준 1%를 다시 저축하면 기회비용(Opportunity Cost)은 더 크게 발생한다.

보험사마다 약간 차이가 있지만 기본보험료가 50만~100만 원 이상일 경우 1%를 할인해주고 그 이상의 보험료에 대해 추가로 플러스알파를 적용하여 할인폭을 높여준다.

월 200만 원씩 불입할 경우 매월 기본보험료의 1.5~2%, 월 500만 원씩 불입할 경우 매월 기본보험료의 2~2.5%, 월 1,000만 원씩 불입할 경우 매월 기본보험료의 2.5~3%를 할인해주는 식이다. 보험료 할인폭이 크면 클수록 이익이 더 많이 나므로 고액보험료로 가입할 때는 반드시 보험사의 보험료 할인서비스제도를 살펴본다.

9. 순수보장형 상품 선택 가입

순수보장형 상품은 살아 있을 경우 중도에나 만기 시 지급되는 보험금이 한 푼도 없는 상품이다. 즉 순수하게 위험보장만 해주고 저축은 아예 신경 쓰지 않는 보험이다.

따라서 보험료가 저축기능을 가미한 만기환급부보험이나 저축 성격이 강한 생존보험보다 매우 싸다.

적은 보험료로 큰 보장을 받을 수 있는 생활보장형상품이 보험 본래의 기능에 충실한 상품이다. 이런 상품은 보험료 소득공제가 100% 되므로(상한선 100만 원, 단, 장애인보험은 200만 원) 보험료를 제일 많이 절약할 수 있는 보험테크 방법이다.

10. 자동이체로 보험료 납입

통장에서 보험료가 매월 자동으로 인출되게 하면 보험료를 할인받을 수 있다. 보험설계사에게 보험료를 낸다든지, 은행 지로를 이용한다든지, 보험회사에 직접 가서 낸다든지 하면 할인혜택이 없다.

　자동이체 또는 급여이체를 이용해 보험료를 내면 보험상품이나 회사마다 약간 다르지만 대개 1~2% 보험료 할인혜택을 준다. 아직도 보험료를 자동이체로 납입하지 않는다면 지금이라도 당장 자동이체 또는 급여이체로 바꾸자.

재테크 시 가장 매력적인 저축성보험

단리와 복리의 차이는 기간이 경과할수록 커진다

'나대로 씨와 현명해 씨는 각기 목돈 1억 원을 갖고 있다. 나대로 씨는 1억 원으로 단리로 운용되는 상품에 가입했고, 현명해 씨는 복리로 운용되는 상품에 가입했다. 두 사람 모두 연 4%로 운용되는 상품에 예치했다면 원금 2배, 즉 2억 원을 마련하려면 각기 몇 년이 걸릴까?

먼저 경제학에서 복리의 마술이라 일컫는 '72의 법칙(The Rule of 72)'을 알아보자.

'72의 법칙'은 미국의 유명한 펀드매니저로 월가의 영웅이라 불리는 피터 린치(Peter Lynch)가 고안한 법칙으로, 복리수익률로 나눈 값이 바로 원금의 2배가 되는 기간을 말하는데 선진국에서는 이를 중요한 재테크 지표로 활용하고 있다.

현명해 씨가 종자돈 1억 원을 연 4%의 복리로 운용되는 상품에 투자했을 경우 그의 2배, 즉 2억 원을 마련하는 데 걸리는 기간은 약 18년이다.

* 공식 : 기간 = 72 ÷ 4(연 복리이율)

그런데 나대로 씨의 경우에는 25년이나 걸린다.

* 공식 : 원리합계(2억 원) = 원금(1억 원) × [1 + (0.04 × 운용기간)]

현명해 씨보다 무려 7년이나 더 걸리는 것이다. 이는 저축 기간이 길면 길수록 그 간격이 더 벌어진다는 사실을 증명한다. 단리와 복리를 설명하는 이유는 은행의 저축상품과 보험사의 저축성상품의 이율 부리(附利)방식을 알기 쉽게 설명하기 위해서이다.

금융기관 저축상품의 이자운용 방법

금융기관의 정기저축상품은 계약자가 일정한 기간을 정하여 매월 일정일에 일정금액을 적립하고 만기일에 계약한 목돈을 찾아가는 저축방법이다. 이때의 상품이자 운용방법(부리방법)은 월 단리, 연 단리법 또는 월 단리, 연 복리법 등을 활용한다. 은행 등 대부분의 금융기관에서는 저축상품 운용 시 월 단리, 연 단리법을 사용한다. 보험회사의 저축성상품은 월 단리, 연 복리법(연 2회)을 사용한다.

월 단리, 연 복리법을 적용하는 상품은 월 단리, 연 단리법을 적용하는 상품보다 만기금액이 더 많이 발생하게 된다. 아인슈타인(Albert Einstein)이 "복리는 인류 최고의 발명품이요 우주에서 가장 강력한 힘이다"라고 말했듯이 단리와 복리의 차이는 기간이 경과할수록 점점 더 많이 벌어지게 된다.

단, 저축성보험 상품은 계약자가 납입한 보험료 중 부가보험료와 위험보험료 부분을 제외한 부분만 월 단리, 연 복리로 부리되어 만기금액을 산출하기 때문에 가입 초기에 발생하는 수익률은 다른 금융기관보다 적게 된다.

그러나 유지기간이 10년 이상 되면 모든 금융기관의 저축상품 중 보험사 저축성보험 상품만의 매력인 비과세혜택과 더불어 복리 부리효과도 더 크게 발생하므로 실질적 수익률은 더욱 커지게 된다. 재테크를 하려면 복리로 운용되는 저축성 상품에 가입하는 것이 바람직하다.

장기재테크 관건은 상품선택과 기간수익 제고

저금리시대, 장기목적자금을 마련하려면 복리로 운용되는 비과세 저축성보험상품을 선택 가입하여 기간수익을 노려야 보다 확실한 재테크가 이루어진다. 필자는 보험 재테크를 제때 빨리 하지 않고 미루다가 나중에 필요성을 느껴 서둘러 가입했지만 보험료 부담이 너무 커서 끝까지 유지하지 못하고 중도 해지하는 낭패를 보는 사람들을 많이 보았다. 따라서 기간수익을 올려 소기의 장기재테크 목적을 하자 없이 달성하려면 하루라도 빨리 저축성보험으로 목돈 마련 계획을 잘 세워 실천해야 한다.

보험테크 TIP

저축성보험(Savings Insurance)이란 보험 본래의 기능인 위험보장 기능에 재산증식 기능을 추가하여 만든 상품이다. '보험도 저축'이라고 생각하고 본전의식이 강한 우리네 정서를 반영하여 개발된 상품으로서 비과세혜택과 함께 부리이율에 대한 복리운영으로 재테크효과를 상당히 볼 수 있다.

저축성보험의 상품 종류는 일반저축성보험과 세금우대저축보험, 유니버설보험, 장기손해보험, 생계형 비과세저축보험, 변액유니버설보험 적립형, 장기주택마련 저축보험(2009년 이전까지 판매, 일몰 시한은 2012년) 등이 있다. 넓은 범위에서는 연금보험, 교육보험, 변액보험(보장형 제외) 상품도 저축성보험에 속한다.

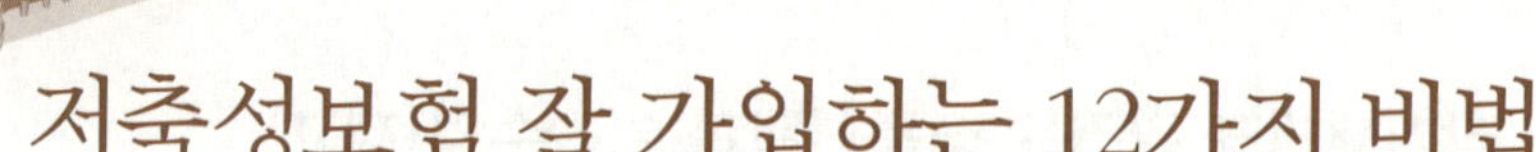

저축성보험 잘 가입하는 12가지 비법

저축성보험에 가입할 때에는 보험이라는 특성도 염두에 두면서 수익을 최대한 올릴 수 있는 방법을 모색한다. 아래에 제시한 가입 요령을 숙지한 후 가입하면 여러모로 이익을 볼 수 있다.

1. 저축하는 목적을 분명히 한다

'왜 저축하는 것인지, 어떤 목적을 갖고 저축하는 것인지'를 분명히 정한 후 저축한다. 뚜렷한 목적의식도 없이 그냥 보험사에서 권하니까 또는 상품수익률이 높을 것 같아서 저축성보험에 가입하려고 하면 자칫 낭패를 볼 수 있다. 무작정 많이 가입했다가 도저히 불입할 능력이 안 되어 중도해약하면 손해가 많기 때문이다.

'얼마만한 여유자금이 있는가? 이 정도의 돈을 불입해도 생활에는 지장이 없는가?' 등을 확실히 따져보고 난 후 가입하는 지혜가 필요하다. 저축기간 중에 자금을 사용할 필요가 있을 때에는 매년 또는 매월 목돈을 타는 저축성보험에 가입하는 것이 유리하다. 중도에 자금을 받는 생활비 보험상품은 은행상품과 달리 이자소득세가 없어 실질적인 수익률이 매우 높다.

2. 위험보장은 가급적 생각하지 않는다

저축성보험은 보장기능이 매우 약하므로 가입 시 위험보장은 일단 생각하지 않는 편이 좋다. 사망보험금 성격보다는 만기 시 수익금액에 대한 규모가 더 중요하기 때문이다. 따라서 특정 시기에 필요한 목돈을 마련하기 위해 보험회사를 선택하여 저축하는 것인 만큼 굳이 위험보장 규모가 얼마나 되는지를 따지다보면 투자수익이 적게 되고 보장은 보장대로 적어 낭패를 볼 수도 있다.

3. 저축기간을 신중히 결정한다

목돈 필요시기에 맞춰서 보험기간을 정한다. 재테크 목표를 명확히 했으면 필요한 목돈 규모를 설정한 후 불입기간과 매월 납입할 보험료의 규모를 파악한다. 매월 얼마를 저축하면 좋은지, 몇 년 동안 저축하면 목표자금을 활용할 시기가 되는지를 면밀히 검토한다. 자녀 입학금, 결혼, 주택구입 등 목돈 투입시기를 계획성 있게 수립하여 기간을 산정한다.

몇 년간 저축하여 만든 목돈을 마땅히 투자할 곳이 없다든지, 정작 필요한 시기에 목돈을 찾을 수 없다든지 하여 낭패를 당하는 일이 없도록 한다. 가정설계를 바탕으로 가변성 있는 상황도 가미하여 저축기간을 신중히 정한다. 저축기간은 수익률을 고려하여 이자소득세가 전액 면제되는 10년 이후로 잡는 것이 바람직하다.

4. 수익률을 많이 올릴 수 있는 방법을 모색한다

사망보험금 규모보다는 만기 시 수익금 규모를 보고 판단한다. 저축성보험 상품 중 10년 이상 유지 시 만기수익률을 가장 많이 올릴 수 있는 상품은 실적배당형 상품인 변액유니버설보험이다. 유니버설보험은 기능이 다양해서 실생활에 도움이 많이 된다.

생활이 여의치 않아 10년 이내 중도해지 시 손해를 줄이면서 이익을 볼 수 있는 상품은 세금우대가 적용되는 세금우대저축보험(9.5%)과 생계형 비과세저축보험(가입기간에 관계없이 전액 비과세, 금융소득종합과세 대상에서 제외)이다. 나머지 상품은 모두 10년 이상 경과해야 완전비과세혜택이 주어진다. 따라서 3년, 5년 등 단기 목돈마련은 세금우대상품에 가입하는 것이 유리하다.

5. 상품의 예정금리를 꼼꼼히 따져본다

저축성 상품은 만기 때까지 상품의 적용이율이 변하지 않는 확정형 상품과 보험공시이율의 적용으로 매월 적용이율이 변동되는 연동형 상품이 있다. 어느 상품이 좋다고 단정할 수 없으나 가입 후의 금리동향을 면밀히 분석하여 은행금리가 오를 것 같으면 연동형 상품에 가입하고 향후 은행금리가 떨어질 것 같으면 확정형 상품에 가입하는 것이 바람직하다. 매스컴을 통하여 금융·경제에 관한 정보를 수시로 접하는 생활태도를 갖는 것도 재테크 차원에서 필요하다.

6. 납입보험료 규모를 크게 한다

은행상품은 월 불입액이 크든 작든 같은 상품이라면 제시한 상품 이율에 따른 만기 시 수익률이 똑같다. 그러나 저축성 보험상품은 월불입액(납입보험료)이 크면 클수록 만기 시 수익률이 높다. 만기금액이 많다는 얘기다. 그 까닭은 보험원리상 1건의 계약을 유지하는 데 소요되는 비용(유지비)이 보험료 규모가 크든 작든 똑같기 때문이다.

예를 들어 월납 10만 원짜리와 100만 원짜리가 있을 경우 1건당 유지비용이 5,000원이라 한다면 월납 10만 원짜리는 9만 5,000원, 100만 원짜리는 99만 5,000원으로 각각 원금의 5%와 0.5%가 제외된 상태에서 매월 운영된다(여기서 위험보험료 부분은 제외). 그렇기 때문에 보험료 규모가 크면 클수록 수익률이 높게 발생하므로 이왕 저축성보험에 가입하려면 한 군데로 뭉쳐 많이 하는 것이 훨씬 좋다.

참고로 유니버설보험이나 변액보험은 순수저축성보험이 아닌 종신형으로 설계된 보험이므로 사업비의 규모가 종신보험과 같이 많이 발생한다는 점도 알아둘 필요가 있다.

7. 피보험자는 가족 중 나이가 어린 사람으로 한다

모든 보험은 보험대상이 되는 피보험자의 나이에 따라 보험료 규모가 달라진다. 특히 재테크를 목적으로 생존보험 또는 만기환급부보험 등 저축성 상품에 가입할 때에는 피보험자를 나이 어린 사람으로 정해야 수익률이 높게 나온다.

저축성보험이라도 위험보장과 사망담보 등 기본적인 보장은 있기 때문에 피보험자의 연령이 낮으면 보험료를 조금이라도 줄일 수 있다. 나이가 많은 사람은 그만큼 위험확률이 높기 때문에 보험료가 비싸고 나이가 어린 사람은 상대적으로 보험료가 저렴하다. 그렇다고 피보험자를 무작정 어린아이로 할 수는 없다. 보험업법에 피보험자의 나이는 만 15세 이상으로 규정되어 있기 때문이다.

따라서 가족 중 15세 이상자이면서 이에 가까운 사람을 피보험자로 하는 것이 좋다. 또 남자보다는 여자가 보험료가 적으므로 여자로 하는 게 조금이라도 수익률 제고에 도움이 된다.

8. 중도해지 시의 해지이율을 살펴본다

저축성보험에 가입한 후 만기까지 가면 더 좋을 게 없지만 부득이 중간에 해약할 경우도 상정해봐야 한다. 그럴 일이 발생할 소지가 다분하다면 중도해지 시 적용이율이 높은 상품에 가입하는 것이 좋다.

해지이율은 상품에 따라 다르지만 대개 2년 이상 지나면 납입한 원금이 나온다. 부가보험료가 발생할 때 2년이 지나야 원금이 나오므로 다른 금융기관에 가입했을 때와 비교할 때 실질적으로 손해를 많이 보는 것이다. 따라서 저축성보험은 가능하다면 만기까지 유지하는 것이 바람직하다.

9. 보험료 납입일자를 신중히 결정한다

사망보험상품의 경우에는 괜찮지만 저축성보험상품의 경우에는 보험료 납입일자 선정이 매우 중요하다. 왜냐하면 공시이율 등 변동이율을 적용하는 저축성 상품은 납입일자를 기준으로 하여 해당수익률을 계산하기 때문이다.

매월 1달을 기준으로 하여 이자를 계산하지 않고 납입한 날짜별로 이자를 계산하기 때문에 매월 계약 해당일 이전에 보험료를 내야만 보험회사에서 제시한 만기 시 수익금액을 보험기간 종료 시 제대로 받을 수 있다.

만약 계약 해당일 이후에 보험료를 내게 되면 약정된 만기금을 받을 수 없다. 유예월로 계속보험료를 내면 많은 손해를 볼 수 있다. 반대로 계약 해당일 이전에 보험료를 내게 되면 더 많이 받는다.

예를 들어 20만 원짜리 저축성보험에 가입한 후 보험료를 납입 해당월에 안 내고 납입 유예월에 계속 10년 동안 냈다고 한다면 10년 되는 시점에서의 만기 시 수령액은 2개월치 보험료 이상 적게 나온다.

따라서 하루라도 먼저 납부해야 이자가 더 붙고 이익이므로 보험료 납입일자는 신중히 결정해서 정한다. 보장성보험은 가급적 빨리 가입해야 하지만 저축성보험의 경우에는 인정에 이끌려 가입을 서두르는 것은 금물이다.

봉급생활자는 납입일자를 급여 수령일+1일 정도로 하는 것이 좋다. 자영업자는 월말에는 자금 회전이 안 될 경우 자금이 궁하게 되므로 가능하면 월 중순경으로 하는 것이 좋다. 계약 후 보험설계사가 방문했을 때 보험료를 납입하는 방법을 선택하였을 경우에는 보험료 납입일자를 확인하는 것이 약정수익률 보전의 지름길이라는 것을 명심해야 한다.

그리고 상여금을 타는 경우 등 여유자금이 있을 때에는 미리 목돈을 집어넣든지 아니면 아예 비월납상품으로 들면 이익이다. 비월납상품은 월납보다 보험료가 적기 때문에 수익률이 그만큼 높다.

10. 중도에 추가납입 기능이 있는 상품을 선택한다

중도에 추가납입 기능이 있는 상품은 사업비가 많이 붙지 않으므로 그만큼 이익이다. 유니버설 기능이 있는 상품은 모두 이에 해당한다. 그리고 연금보험도 이와 같은 기능이 있는 상품을 판매하는 회사도 있다. 중도에 납입하는 보험료 규모는 회사마다 다소 차이가 있는데 대개 연간기본보험료의 200% 범위 안에서 1년에 횟수에 관계없이 수시로 납입이 가능하다.

연간기본보험료는 보험가입금액의 10% 이하의 +선에서 전기월납 형식으로 정할 수 있다. 예를 들어 유니버설보험 가입 시 만약 보험가입금이 기본보험료가 100만 원이라 한다면 중도에 불입이 가능한 보험료 규모는 연간 기준으로 할 때 100만 원×12×200%=2,400만 원까지 가능하다. 즉 기본보험료까지 합하면 300만 원이 된다.

단, 중도납입을 할 경우 당초 계약서상에 약정한 매월 불입해야 하는 보험료는 반드시 납입해야만 추가 납입이 가능하다.

11. 보험료 할인방법을 알아본다

지금은 재테크 시대이다. 한 푼이라도 절약해 이익을 봐야 한다. 보험도 예외가 아니다. 내가 가입하는 보험상품은 어떠한 혜택이 있는지 눈여겨본다. 먼저 납입방법을 자동이체(또는 급여이체)로 하면 납입보험료에 대해서 거의 모든 보험회사가 할인혜택을 준다. 보험설계사가 방문하여 수금하는 데 필요한 경비(수금비)를 은행을 통해서 하므로 금융결제원과 은행의 수수료를 제외한 이익을 계약자에게 돌려주는 것이다.

보통 자동이체 시 보험료 할인혜택을 보면 1% 이상을 할인해준다. 또 5인 이상이 단체로 가입할 경우에는 2% 정도 할인혜택이 주어지므로 샐러리맨들은 5인 이상이 단체로 들면 많은 이익이 돌아온다.

보험설계사 방문 시의 납입, 은행 지로, 소속기관에서의 급여공제(이체), 보험회사 직납 등은 모두 보험료 할인혜택이 없다. 이런 방법을 잘 알아본 후 보험료 납입방법을 선택하는 것이 바람직하다.

12. 최적의 저축성상품을 골라 가입한다

피보험자가 동일하고 똑같은 납입기간과 보험료 규모로 복리부리 운용되는 저축성보험상품이라 해도 이율적용 방식, 상품구성 형태(상품 유형), 월 불입보험료 중 적립순보험료, 즉 책임준비금의 재원이 얼마가 되는지 등에 따라 수익률은 매우 다르게 나타나므로 보험사의 저축성 상품들을 꼼꼼히 살펴본 후 장기 재테크 목적과 가장 부합되는 상품을 골라 가입하는 지혜를 발휘해야 재테크 파이가 더 커진다는 사실을 명심해야 한다.

공짜보험 활용은 보험테크의 기본

알짜 효자 노릇하는 공짜보험

보험에 가입할 때 가장 현명한 방법은 보험을 무료로 가입해 도움을 받는 것인데 이런 조건에 부합하는 상품이 바로 공짜보험이다. 공짜보험을 효과적으로 활용하면 따로 비용을 지출하지 않고도 각종 사고나 위험에서 본인과 가족을 지켜주는 경제적 대비수단이 된다. '설마 공짜보험이 있을까?' 하고 의구심을 갖는 사람도 있지만 주위를 잘 살펴보면 무료로 가입해주는 공짜보험이 많다.

기업체가 상품을 구매하거나 서비스를 이용하는 고객(회원)을 위해 무료로 들어주는 연간 납입보험료 몇 천 원 정도의 저렴한 일시납 단체보장성보험이 그것이다. 만기 환급금이 없는 1년짜리 저가형 소멸성 보험이기 때문에 건강진단이나 연령, 직업 등 가입 제한과 조건 없이 누구나 쉽게 가입할 수 있다.

보험종류로는 교통상해보험이 가장 많고 여행상해보험, 암보험, 건강보험, 스포츠보험, 레저보험, 화재보험, 자녀안심보험, 피해보상보험, 휴대폰도난보험 등 특화 상품이 많다. 보험금은 몇 백만 원에서 최고 10억 원까지 무척 다양하다. 우연찮게 들은 공짜보험이 뜻하지 않은 좋은 결과를 가져다줄 수도 있다. 관심을 갖고 맘에 맞는 보험이 있나 꼼꼼히 살펴보자.

공짜보험 올바로 활용하기

카드사용은 재테크의 지름길

신용카드를 단순한 결제수단으로만 생각한다면 이는 커다란 오산이다.

카드는 결제기능 외에 무료보험서비스와 계좌통합관리서비스 등 다양한 서비스를 제공하고 있다. 우량고객이 카드를 사용할 때마다 해당

업무와 관련된 보험 혜택까지 제공함으로써 자연스럽게 카드사용액을 늘리는 마케팅 전략이다.

휴일 교통상해보험은 물론이고 항공상해보험, 여행자보험, 얼굴성형보험, 직장인 실업위로보험, 골프보험 등 다양한 무료보험 가입 기회를 제공하기도 한다.

신용카드 사용액은 연말 소득공제 대상이 되므로 세테크를 할 수 있고, 카드사별로 포인트에 따른 다양한 서비스를 하므로 잘 활용하면 효과를 톡톡히 볼 수 있다.

무료보험 가입에 관심을 가진다

인터넷을 이용하다가 어떤 특정 사이트에 가입하거나 통신비나 카드대금을 자동납부로 신청하면 자동으로 무료보험에 가입되는 경우가 종종 있다.

닷컴 회사들은 자사 사이트 홍보가 기업성공으로 이어지므로 가입회원을 상해보험이나 PC바이러스보험, 상금보험 등에 무료로 가입시켜주는 등 공짜보험제도를 적극 활용하고 있다. 웹서핑을 할 때 간단한 인적 사항만 입력하는 수고를 한다면 작은 노력이 큰 우산이 되어 돌아올 수도 있다.

금융권을 이용할 때 선택 활용한다

자본시장통합법에 따라 금융업무의 겸업화 추세가 더욱 확산되고 복합금융상품을 판매할 수 있게 되면서 판매사끼리 서비스를 차별화하기 위해 부가혜택을 많이 주는데 그 가운데 무료보험은 놓칠 수 없는 서비스다.

금융상품에 일정기간 가입하면 무료로 보험에 가입시켜준다. 해외여행에서 쓸 현지 통화를 주거래은행 지점에서 환전하면 여행자보험을 무료로 들어주고 수수료를 할인해주기도 한다. 금융사와 거래할 때는 양질의 상품을 선택하면서 무료보험가입 등 부가서비스가 무엇인지 살펴볼 필요가 있다.

상품을 구매할 때 정보를 잘 활용한다

재무분석을 해보니 도저히 정상적으로 보험을 들 여유가 없거나 꼭 필요한 상품을 구매하거나 서비스를 받아야 할 때는 매스컴, 인터넷, 기업체 홍보자료 등을 활용해 보험사들의 제휴마케팅을 체크해보고 같은 조건에 비슷한 가격일 경우 보험을 덤으로 가입해주는 상품(서비스)을 이용하는 것도 생활의 지혜다.

상품을 구매할 때 단골고객에게 주어지는 각종 혜택, 이벤트 기간에 주는 부가혜택, 구매 금액에 따른 무료보험 혜택 등을 세밀히 살펴 활용하면 만족과 기쁨이 배가될 수 있다. 작은 관심이 뜻하지 않는 행운으로 돌아오기도 한다.

보험테크 TIP

■■■ 차량이 침수 피해 입었을 때 자동차보험의 보상 범위

자신의 승용차가 물에 깊이 빠졌을 경우 자기차량손해담보에 가입되었으면 보험사에서 피해금액을 보상해주므로 차량을 절대 빼내려 하지 말고, 그 즉시 보험사에 연락하는 것이 상책이다. 주차 중 차량은 물론 운행 중에 차량이 물에 빠졌을 경우에도 모두 보상을 받을 수 있으며 보험료도 할증되지 않는다.

또 폐차시에는 차량가액 한도 내에서 보상금이 지급된다. 단, 열린 창문이나 썬루프로 물이 들어와 피해가 발생하면 보상 받을 수 없다. 차 내부에 있는 물건 역시 보험 적용대상이 아니므로 보상받을 수 없다. 불법주차 등 주차구역이 아닌 곳에 차를 세웠다가 침수피해를 당했을 경우엔 오히려 할증 대상이 된다. 만약 고의로 차량을 침수시킨 경우에는 보험금이 지급되지 않음은 물론 보험사기로 적발될 수 있다.

예정사업비지수가 가장 낮은 상품 선택

예정사업비지수는 수익률 제고에 큰 영향을 준다

변액유니버설보험 적립형 상품이 3가지 있다고 하자. 생활보장이 아닌 순수장기재테크를 목적으로 이들 상품 중 하나를 선택해 가입하려고 한다. 그런데 상품 구성요소 중 다른 부분은 거의 비슷한데 예정사업비가 각기 다르다. 예정사업비지수가 하나는 70%이고, 또 하나는 100%, 다른 하나는 130%다.

이럴 경우 어떤 변액보험상품에 가입하겠는가? 어떤 상품에 가입해야 상대적으로 더 높은 투자수익을 올릴 수 있을까? 예정사업비지수가 높은 상품이 좋을까, 낮은 상품이 좋을까?

예정사업비지수는 보험사에서 판매하는 같은 유형의 상품을 놓고 사업비부과 규모가 얼마나 편차가 나는지 쉽게 알 수 있게 하려고 각 상품의 예정사업비(Assumed Rate of Expense) 규모를 생명보험업계 평균 사업비 규모와 비교한 평가지수를 말한다. 예정사업비지수를 업계 평균 100으로 잡고 이를 기준점으로 하여 보험사별로 사업비 규모를 어떻게 책정하는지를 객관적으로 비교·평가해 보험가입자들이 쉽게 알아볼 수 있게 하려고 만든 제도이므로 반드시 공시하도록 되어 있다.

예정사업비지수가 100보다 낮으면 업계의 다른 상품 평균보다 사업비의 수준(예정사업비 지출규모)이 낮음을 의미하고, 반대로 예정사업비지수가 100보다 높으면 업계 평균 이상으로 사업비를 지출하는 것이므로 예정사업비지수가 높으면 사업비부과 규모 또한 커져서 펀드로 투입되는 비용이 줄어들게 된다. 따라서 예정사업비지수가 낮으면 낮을수록 보험료가 싸지고 펀드에 투입되는 금액이 비례하여 높아지므로 이런 회사의 상품에 가입해야 유리하다.

사업비 부과규모 결정짓는 요소

사업비, 즉 부가보험료는 보험사가 보험을 유지·관리하는 데 필요한 경비로 보험료에서 공제하는데 이 금액을 사전에 책정하는 요율이 예정사업비다. 예정사업비지수를 토대로 하여 예정사업비, 즉 부가보험료를 산출하기 때문에 다른 보험사들과 비교·평가해주는 예정사업비지수는 반드시 살펴보아야 한다.

생명보험에서는 예정사업비율을 신계약비, 유지비, 수금비 3가지로 세분하고 그 각각에 대해 일정률을 설정하고 있다. 예정사업비지수가 높으면 보험사 운영에 필요한 지출폭이 증가하여 투자자가 불입한 보험료에서 공제되는 금액이 커져 펀드에 투입되는 돈이 적어진다. 즉 설계사 수당, 내근사원 급여, 보험사 운영비 등으로 더 많이 빠져나가게 되는 것이다.

예정사업비지수는 실제 계약자가 가입한 상품의 보험가입금액이나 보험기간, 보험료납입기간, 예정이율 수준 등에 따라 차이가 날 수 있으므로 가입하기 전 이러한 부수적 요소를 잘 살펴봐야 한다.

예정사업비 투입규모를 알려면 생명보험 홈페이지에 접속해 보험상품비교 공시란(http://www.klia.or.kr)에서 공시실을 클릭한 다음 예정사업비지수가 얼마가 되는지 살펴보자.

예정사업비지수가 낮은 회사 상품을 선택하는 것도 고수익을 올리는 한 방법이다. 예정사업비를 높게 잡아 해당상품을 판매한 후 이익이 많이 남았다고 해도 보험사에서 돌려주지 않으므로 특별한 하자가 없는 한 비슷한 유형의 상품이 있을 경우 예정사업비지수가 낮은 상품에 가입하는 것이 훨씬 유리하다. 예정사업비지수를 사전에 확인하는 것은 가장 기본적인 보험테크의 출발점이다.

보험테크 TIP

■■■ 사업비운영 방식의 종류

사업비운영 방식은 크게 선취방식(Front-End-Loading)과 후취방식(Back-End-Loading)으로 나뉜다. 선취방식은 사업비를 보험료 납입기간 초기에 차감하는 방식이고, 후취방식은 사업비를 전 보장기간에 걸쳐 차감하는 방식이다(단, 해지 시 해지수수료 부가).

변액보험상품은 실적배당형의 투자형 상품으로 미국 등 선진국과 같이 납입된 보험료를 자산운용계정(특별계정)에 먼저 투입한 후 보험기간에 걸쳐 신계약비를 차감하는 형태를 취하게 된다.

예정이율이 가장 높은 상품 선택

예정이율 따라 보험료 책정규모 상이

똑같은 보험상품이라도 보험사의 예정이율에 따라 보험료 규모에 차이가 난다. 보험회사는 장래 보험금 지급을 위하여 계약자의 납입보험료 가운데 일정부분을 적립한다. 적립금은 일정한 이율로 운용될 것을 예정하는데 이 운용이율을 예정이율(expected interest rate)이라고 한다.

보험료를 납입하는 시점과 보험금 지급 사이에는 시차가 발생하므로 이 기간에 기대되는 수익을 예상하여 일정한 비율로 보험료를 할인해주는데 이 할인율이 예정이율이다. 따라서 예정이율이 낮아지면 보험료는 비싸지고, 예정이율이 높아지면 보험료가 싸진다. 예정이율은 보험료 산출요소(예정사업비율, 예정사망률과 함께 3대 이원이라 함) 중 저축보험료 산출 시 적용된다.

보험상품을 유지하는 동안(보험기간) 적용하는 이자율인 예정이율은 보험사가 보험기간에 대출, 유가증권에 대한 투자, 부동산 투자 등으로 발생한 자산운용수익을 예측하여 정한다. 따라서 예정이율이 높으면 보험사의 자산운용 실적이 양호하다는 것을 의미하므로 상대적으로 보험료가 낮아지게 된다. 즉 예정이율이 높은 상품을 고르면 현재 시점에서 투자되는 종자돈의 규모가 상대적으로 작기 때문에 똑같은 수익률을 달성하더라도 환급률이 더 높게 되는 것이다.

예정이율은 보험사별로 같은 이율을 적용하는 경우도 있지만 대개 약간씩 다르게 적용한다. 특약부분에 대한 예정이율도 살펴보도록 한다. 예정이율지수는 생명보험협회 홈페이지에서 확인할 수 있다.

예정이율이 높고 예정사업비율이 낮아야 이익

변액보험의 경우 특별계정이 아닌 일반계정(일반보험)에 들어가는 예정이율은 대부분 채권에 투자해서 얻은 수익을 토대로 산출한다. 여기서 알아둘 사실은 예정이율이 높다고 해서 무조건 환급률이 높다거나

펀드에 투입되는 돈이 많아지는 것은 아니다. 예정사업비지수가 낮아
야 실질적인 환급률이 더 높아진다. 예정이율이 높을수록 보험료는 싸
지고, 예정사업비가 적을수록 펀드에 투입되는 돈이 많아지는 것이다.
따라서 보험회사가 쓰는 예정사업비는 낮고 예정이율은 높은 상품을
선택해야 한다.

예정이율이 낮고, 예정사망률이 높고, 예정사업비율이 높은 상품은
경과기간이 길면 길수록 그렇지 않은 상품보다 동일한 수익률을 낸다
할지라도 실질수익률, 즉 환급률이 많이 떨어지므로 가입자에게 돌아
오는 돈이 적다. 따라서 예정이율이 높고 예정사업비 지수는 낮으면서
도 해약환급금이 높은 상품이 가장 좋은 보험상품이다. 나에게 돌아오
는 파이를 키우려면 늘 깊이 통찰해야 한다.

보험테크 TIP

■■■ 현금흐름방식이란

금융위원회에서는 보험업감독규정을 개정하여 보험사가 보험료를 산출할 때 현행 3이원 방
식 외에 현금흐름방식(Cash Flow Pricing)을 사용할 수 있도록 했다. 3이원 방식은 보험사
고발생률, 이자율, 사업비율을 갖고 보험료를 산출하지만 현금흐름방식은 여기에다 보험계약
유지율, 판매규모, 보험사 목표이익, 기타 가격요소(금리예측, 보증 · 옵션 등)를 추가로 반영
한 것이다. 즉 보험료 산출 시 예상 가능한 모든 기초율을 사용하는 방식이다. 현금흐름방식
을 따르면 같은 상품이라도 보험사나 판매 방식에 따라 보험료가 다양해진다. 보험회사의 상
품개발 자율성이 확대되는 만큼 소비자의 보험선택권을 보장하기 위해 보험상품 공시 강화
제도도 활성화된다.

누구에게 보험을 들어야 좋을까

7가지 유형의 판매채널조직을 파악하라

보험시장이 보험소비자들의 욕구에 적극 부응하여 매우 다양화·다각화되었다. 이젠 보험에 가입하지 않은 사람들이 이상하게 보일 정도로 보험은 생활에 없어서는 안 될 필수품으로 자리 잡았으므로 보험에 들 때는 신중해야 한다. 한 번의 구매, 즉 돈의 일시 지불로 시작과 끝을 깨끗하게 맺는 제조품과 달리 보험은 가입한 시점부터 그 상품의 효용성이 모두 끝나는 시기까지 길게는 평생 동안 매월 돈을 지불해야만 하는 막중한 부담감이 뒤따르는 장기상품이기 때문이다.

일단 구매하고 나면 일정한 시기에 가입을 포기하지 않는 한 리콜 또한 없는 것이 보험이다. 그런데 좋은 상품에 가입하고 싶어도 어느 보험판매채널을 통해 가입해야 좋은지 감이 안 잡힐 경우가 많을 것이다. 보험상품을 판매하는 채널조직은 다음과 같이 크게 7가지 유형으로 나눌 수 있다.

1. 보험시장을 직접 찾아다니면서 영업하는 보험설계사와 보험대리점 등 방문판매 영업조직

2. 다른 금융권, 즉 은행, 증권, 새마을금고 등에서 찾아오는 고객을 상대로 보험을 판매하는 점두(대면)판매 형태의 방카슈랑스 조직

3. 홈쇼핑업체에서 보험회사와 업무제휴해 케이블텔레비전에서 판매하는 홈슈랑스 조직

4. 카드사, 백화점 등 일반산업체와 업무제휴해 신용보험, 저축성보험, 연금보험 등 단순 조립보험상품을 취급하는 점두판매조직

5. 전화로만 보험상품을 판매하는 TM 조직

6. 인터넷(CM)으로 전용상품을 판매하는 온라인 판매 사이버(Cyber) 형태의 인슈랑스 조직

7. 우편으로 보험상품을 판매하는 DM 조직

이들 조직의 현황을 좀 더 자세히 살펴보면 다음과 같다.

1. 방문판매조직

방문판매조직은 보험회사와 우체국, 농협, 신협 등 유사보험업체, 교원공제, 자동차 공제 등 공제조합에서 운영하는데 모집조직의 명칭은 보험회사는 보험설계사(보험컨설턴트), 우체국은 보험관리사, 농협과 신협은 공제상담사라 한다. 보험회사에 전속되어 있는 보험설계사 조직과는 별도로 각 개인이 사업자로 등록해 사업하는 보험대리점 조직이 있다.

보험대리점은 한 개 보험회사 상품만 취급하는 전속대리점, 각각 하나의 생명보험과 손해보험상품을 취급하는 겸업대리점, 생명보험과 손해보험상품을 거의 다 취급하는 법인대리점 등으로 구분된다.

2. 방카슈랑스 조직

은행, 증권, 새마을금고에 근무하는 직원이 보험대리점 자격을 취득한 후 대리점 인가를 받아 보험회사와 업무제휴를 한 뒤 해당회사의 보험상품을 창구에서 직접 판매하는 형태다.

3. 홈슈랑스 조직

홈쇼핑업체에서 보험회사와 업무제휴를 한 뒤 보험대리점 자격증을 취득한 쇼호스트가 방송매체를 활용하여 시청자들에게 해당회사 상품을 선전하며 고객을 유치하는 형태로 운영된다.

4. 점두판매 조직

보험회사와 업무제휴를 맺은 기관에서 보험상품을 전략적으로 취급·판매하는 형태로 운영된다. 독자적으로 운영하기보다는 홍보 및 서비스 차원에서 해당회사 상품의 구매 욕구를 자극하기 위한 동기부여 수단으로 보험상품을 활용하는 경우가 많다.

5. TM 조직

보험회사에서 팀을 별도로 구성하여 아웃바운드 영업을 하는 텔레마케터다.

6. 인슈랑스 조직

인터넷 사이트를 통해서 보험상품에 가입하는 형태로 정보화 시대가 다가옴에 따라 더욱 활성화되고 있다. 단순조립상품을 주로 취급한다.

7. DM 조직

우편으로만 고객에게 보험상품을 안내하고 판매하는 형태로 보험회사에서만 시행한다.

위 7가지 판매채널조직 중 모든 보험상품을 취급하는 조직은 1에 속한 보험설계사와 보험대리점이다. 나머지 조직은 일부 특화된 보험상품만 취급한다.

전문화된 라이프케어(Life Care)한테서 사후에도 계속 개별관리를 받으면서 종합설계가 필요한 맞춤식 보험에 가입하고 싶으면 1에서, 적은 돈으로 일부만 보장받는 보험상품에 가입하고 싶으면 3~7에서, 금융기관의 서비스를 종합적으로 받으면서 보험에도 가입하고 싶으면 2에서 보험에 가입하는 것이 더 효율적이다.

평생 도움 줄 보험설계사를 만나라

보험을 평생 책임져 줄 수 있는 멘토

장기상품인 보험은 단순히 상품에 가입한다는 생각만으로 접근해서는 안 된다. 생애 재무설계를 하려는 철저한 계획에 따라 선택해야 한다. 특히 변액보험이나 주가연계보험 등 보험투자상품의 경우 투자수익률을 제고하는 데 가입자들이 일일이 알지 못하는 다양한 변수가 있다. 미처 놓치고 지나가면 혜택을 받지 못해 나중에 후회할 서비스제도도 많다.

이런 요소와 변수를 알려주고 종합적으로 잘 관리하면서 생애 재무설계가 영글게 컨설팅하는 진실한 멘토인 보험설계사를 잘 만나야 한다. 아는 사람이니까 가입한다거나 가입할 의향이 없는데도 자꾸 권유하니까 정에 이끌려 계약하는 것은 지양한다. 완전판매하려는 진정성이 있는 프로설계사에게 보험컨설팅을 받아 가입하는 것이 보험료를 한 푼이라도 절약하면서 양질의 상품을 선택하는 비결이다.

삶의 게이트키퍼가 되어줄 라이프케어

보험에 문외한이거나 일이 바빠 신경 쓸 겨를이 없을 것 같은 사람들은 담당설계사를 잘 선택해 가입하는 것이 현명한 보험테크 방법이다. 제품을 구입할 때 가격도 중요하지만 그보다는 애프터서비스를 중요시하는 이유도 바로 여기에 있다.

더구나 보험은 일회성으로 끝나는 제품이 아니라 경우에 따라 평생 동안 매월 납입해야 하고 중도에 각종 보험사고가 발생해 그에 따른 수혜를 받아야 할 수 있으므로 사후관리와 서비스가 매우 중요하다.

독일 속담에서 인생에 꼭 필요한 친구 셋으로 의사, 변호사, 보험에이전트(Insurance Agent)를 꼽았듯이 보험이 발달한 선진국 사람들은 직거래 대신 소비자보호기능이 있는 보험설계사와 보험대리점을 선호하는 추세인데, 이런 이유 때문이다.

'누가 나의 보험파트너가 되어 가계를 안정적으로 꾸려갈 수 있게 보장플랜을 해주면서 같이 가줄까?' 를 염두에 두면서 삶의 게이트키퍼(Gate Keeper) 역할을 자임하는 전문 라이프케어에게 컨설팅을 받아 보험에 가입하자.

고아고객 안 되게 담당설계사 잘 만나라

보험에 가입할 때 유념할 것은 보험설계사가 컨설팅할 때부터 진정성 있는 전문가로서 상담해주고 사후관리를 일관되게 지속적으로 해주면서 보험 효력을 볼 때까지 고아계약(Orphaned Policy)이 안 되도록 해주느냐는 것이다.

고아계약은 담당설계사가 신계약을 체결한 이후 회사를 그만둬 별도로 관리해주는 붙박이 설계사가 없는 계약을 말한다. 담당설계사가 없으면 보험사고가 발생하거나 보험사에서 각종 보험서비스를 제공할 때 자칫 불이익을 받을 수 있다.

보험의 효용가치는 가입한 뒤부터 유지하는 내내 나타나므로 올바로 유지·관리하면서 다양한 보험서비스를 받을 수 있도록 아낌없이 조언하고, 보험사고가 발생했을 경우 업무처리를 신속하게 대행해주는 전문설계사를 만나야 한다. 처음 보험에 가입할 때 계약을 확실히 관리해주고 신뢰할 만한 금융주치의인지 꼼꼼히 따져보아야 한다.

평생 인생재테크 파트너가 돼줄 보험설계사인지 판단하는 15가지 방법

1. 언제나 자신의 이익보다는 고객 입장에 서서 꼭 필요한 상품만 알뜰하게 설계해주면서 완전판매하는 전문컨설턴트

2. 고객의 일을 내 일처럼 생각하면서 한 푼이라도 더 이익이 되게 재무컨설팅을 지속적으로 해주는 금융주치의

3. 한번 맺은 인연은 결코 저버리지 않고 끝까지 서비스해주는 진정성이 묻어나는 설계사

4. 보험사고가 났을 경우 솔선수범하여 보험금 수령까지 깔끔하게 처리해주는 초지일관 사후관리에 철저한 설계사

5. 삶에 대한 리스크 헤지뿐만 아니라 고객의 자산관리와 형성에도 많은 도움이 되도록 재무클리닉을 해주는 설계사

6. 보험상품뿐만 아니라 은행, 증권, 부동산 등 금융전반에 대하여 재무컨설팅을 해주는 재테크 도우미

7. 자신이 취급하는 상품 중 고객에게 적합한 상품이 없을 때 다른

보험사 상품을 적극 알선해주는 설계사

8. 고객의 일상생활에 실질적 도움이 되는 알토란같은 정보를 지속
   적으로 제공하는 설계사

9. 평생토록 아무런 걱정 안 할 수 있게 모든 보험에 대한 정보와 서
   비스를 정기적으로 확실하게 제공해주는 설계사

10. 공사구별이 철두철미하고 고객과 약속은 어떠한 일이 있어도 철
    저히 지키는 직업윤리의식이 뚜렷한 믿음직한 설계사

11. 자신이 다른 사람들에게 담당설계사를 소개해주고 자랑할 정도
    로 고객관리를 잘하는 설계사

12. 가정사에 대하여 허물없이 상담할 수 있는 인생카운슬러 같은
    설계사

13. 계약자를 단순한 고객으로 여기기보다는 가족과 같이 정으로 대
    하는 열린 마음의 소유자

14. 옷맵시, 말씨, 행동 등 예의범절이 매우 바르고 다른 사람에게
    귀감이 되는 설계사

15. 보험설계사를 천직이라고 생각하며 평생 일하겠다는 가치관이
    뚜렷한 프로십을 갖춘 설계사

보험사 선택 잘해야 보험이
더 잘 영근다

보험사 선택 잘하면 보험료 줄이고 적립금 늘린다

남에게 돈을 빌려주거나 보증을 서줄 때 사람 됨됨이와 능력을 신중히 판단하듯이 보험에 가입할 경우 좀 더 저렴하면서 돈(보험료)을 안전하게 운영하고 약정된 보험금은 나중에 확실히 챙겨줄 수 있는 회사인지 따져보는 것이 중요하다.

비슷한 상품이라도 보험사에 따라 보험료 차이가 많이 난다. 앞에서 설명한 바와 같이 보험사별 사업비 책정 규모가 다르기 때문이다. 건강관련 보험은 나이를 먹을수록 더 많이 차이나게 설계된 경우도 있으므로 보험사별 보험료 규모와 상품 내용을 꼼꼼히 따져본 뒤 가입해야 한다.

보험투자상품에 가입할 경우 같은 상품이라도 보험회사의 자산운용 능력이 뛰어날수록 수익률이 높아지므로 시드머니의 파이를 더 많이 키우는 회사의 보험에 가입한다. 보험금 지급불능으로 계약자들에게 피해를 줄 수 있으므로 보험회사의 재무상태는 보험회사 선택기준 중 매우 중요한 고려사항이다.

부실보험사에 보험을 가입하였을 경우 보험기간에 해당회사가 파산 하거나 퇴출되면 5,000만 원 한도에서만 보장을 받는다. 금리가 높다 고, 보험료가 저렴하다고, 아는 사람이 다닌다고 무조건 가입하면 안 된다.

가입은 까다롭지만 서비스는 확실한 회사

일반적으로 민원이 많은 회사는 보험에 가입하기는 쉽지만 지급할 때는 까다롭게 군다. 보험가입자가 사고를 당했거나 사고가 난 이후 보험회사와 사고를 처리하는 과정에서 분통을 터뜨리는 경우가 종종 있다.

가입자는 보험료 지급에 아무런 하자가 없고 당연히 빨리 받을 수 있다고 판단하는데도 보험회사가 자꾸 미적거린다. 사고를 조사해야 한다며 보험금 지급을 차일피일 미루는 회사도 있다. 도덕적으로나 사고 발생 정황상 누구나 객관적으로 인지하는 사실인 경우에도 그러하다.

이렇게 보험금 지급에 능장을 부리는 등 계약자의 민원이 많은 회사는 각종 내규나 회사방침이 계약자(소비자) 위주라기보다는 회사 위주인 경우가 많다. 그러므로 민원이 많은 회사는 피하는 것이 좋다. 항상 고객을 먼저 생각하면서 모든 업무를 신속히 처리하는 보험회사를 선택해서 가입해야 한다.

좋은 회사는 돈이 보이는 보험서비스 제도가 많다

보험상품이 재테크 상품으로서 효용가치를 드높이는 이유는 보험가입 시 부가로 주어지는 다양한 보험서비스 혜택이 있기 때문이다. 보험은 위험을 보장해줄 뿐만 아니라 생활하는 데 다양한 혜택을 제공함으로써 재테크 효과를 더 누릴 수 있도록 해준다.

보험에 들면 다양한 서비스를 받을 수 있다. 상품을 구입하는 것으로 끝나는 것이 아니라 경우에 따라서는 평생 동안 유지해야 하므로 기나긴 세월 가입자가 만족할 수 있도록 보험서비스뿐만 아니라 재테크 정보, 건강 정보, 생활 정보, 주식 정보, 문화 정보 등 누구나 부담 없이 쉽게 접할 수 있는 다양한 서비스를 제공한다.

보험회사에서 수혜할 수 있는 서비스는 크게 가입 전, 가입 시, 유지 시, 만기 시, 만기 후 등으로 구분되는데 이런 부가서비스 제도를 유효 적절하게 활용할 줄 알아야 보험테크를 제대로 할 수 있다.

보험에 가입할 때는 어떤 혜택이 있는지를 반드시 따로 적어놓았다가 유용하게 활용한다. 이왕 보험에 가입할 거라면 더 좋은 보험사를 선택해 혜택을 최대한 누릴 수 있는 요소를 찾아 적극 활용하는 지혜를 발휘하자.

보험가입 시 좋은 회사를 판단하는 15가지 방법

1. 보험료가 저렴하면서 보험혜택이 좋은 상품을 파는 회사

2. 사업비를 적게 쓰면서도 이익을 많이 내는 회사

3. 보험금 청구 시 보험금을 신속하게 주는 회사

4. 상품의 완전판매로 대외 이미지가 좋은 회사

5. 판매상품이 질적으로 좋고 각종 서비스가 많은 회사

6. 생존 시 지급되는 보험금이 다른 회사보다 상대적으로 많은 회사

7. 부가보험료를 다른 회사보다 상대적으로 적게 하여 상품을 만드

는 회사

8. 가입한 고객들이 만족해하면서 다시 가입하고 싶어 하는 회사

9. 보험설계사와 내근사원의 1인당 생산성이 높은 회사

10. 점포가 고객 근처에 잘 배치되어 있어 이용하기 편리한 회사

11. 고객만족을 위해 끊임없이 연구 · 노력하며 살갑게 모니터링하

는 회사

12. 지급여력비율이 100% 이상으로 재무건전성이 매우 양호한 회사

13. 고객불만이 거의 없고 민원이 가장 적은 회사

14. 고객이 월급을 주는 진정한 주인이라고 생각하는 회사

15. 계약유지율과 보험설계사 정착률이 상대적으로 양호한 회사

보험금 한 푼이라도 더 받으려면

보험금을 수령할 때 빨리 받는 게 유리할까? 아니면 조금이라도 더 늦게 받는 게 유리할까? 보험사는 약관에서 정한 보험금 지급사유에 해당하는 보험사고가 발생하면 수익자가 그에 필요한 서류를 접수한 날로부터 제3영업일 이내에 보험금과 해약환급금을 지급해야 한다. 그런데 이 경우 지급사유에 대한 조사나 확인이 불가피한 경우 제10영업일 이내에 보험금을 지급해야 한다.

만약 보험금이나 해약환급금을 지급기일 안에 지급하지 못하면 지급기일의 다음 날부터 실제 지급일까지의 기간에 대해 보험계약 대출이율을 연단위 복리로 부리해 계산한 금액을 더하여 지급해야 한다. 이는 보험사가 보험금 지급을 미뤄 선의의 계약자가 피해를 보지 않게 하려고 상대적으로 이율이 높은 약관대출이율을 적용하는 것이다.

따라서 지급이 지연될 경우 반드시 확인해보아야 한다. 단, 보험가입 대상자의 책임 있는 사유로 지급이 지연될 경우에는 그 해당되는 기간에 대해서는 이자가 지급되지 않을 수 있다.

만기보험금의 경우 회사가 보험금 지급시기 도래 7일 전에 지급사유와 지급금액을 알리지 않았으면 보험금 지급사유가 발생한 날의 다음 날부터 보험금 지급청구일까지 해당상품의 예정이율로 부리해야 한다.

회사가 정상적으로 알려주었는데 수령자가 늦게 수령하였을 경우 보험금을 1년 이내에 수령할 때는 예정이율의 50%를 이자로 지급하고 1년이 경과했을 때는 초과기간에 대해 1% 이율로 부리한 금액을 지급한다.

그리고 보험금 청구일 다음 날부터 지급일까지에 대해서는 예정이율 + 1%로 부리된 금액을 지급하고, 지급기일을 넘겼을 때는 그다음 날부터 실제 지급되는 날까지에 대해서는 약관대출로 부리된 금액을 지급한다.

이는 만기보험금과 해약환급금, 중도수령 보험금(금부금) 모두 동일하게 적용한다. 적립이율 계산 시 확정금리형의 지급이자는 연단위 복리로 계산하고 금리연동형(공시이율 적용)은 일자로 계산한다.

3장

돈이 모이는 보험세테크 비법

세상에서 분명한 것은 두 가지뿐이다. 그것은 죽음과 세금이다.

-벤저민 프랭클린(Benjamin Franklin)

보험은 최고의 세테크 상품

미국의 정치가이면서 과학자인 벤저민 프랭클린은 친구에게 보낸 편지에서 '세상에서 분명한 것은 두 가지뿐이다. 그것은 죽음과 세금이다' 라고 했는데 이는 세금을 절대 피할 수 없음을 알려주는 경구다. 하지만 보험에 들면 세금을 줄일 수 있는 비법이 있다.

보험만큼 다양하게 세제혜택을 부여하는 금융상품은 없다. 가입하는 보험상품에 따라 어느 정도 일정 구비요건을 충족하면 소득공제혜택이 주어지는 것은 물론 세금을 감면해주거나 아예 면제해주는 혜택도 있다. 보험에 장기간 가입하면서 소득공제를 받아 해마다 세금을 절약하는 재미를 보는 것도 재테크 파이를 늘리는 데 매우 중요한 방법이다.

보험을 통한 절세 방법은 크게 소득공제를 통한 방법과 이자소득세 비과세를 통한 방법, 보험금 상속을 통한 방법, 보험료 또는 만기보험금 증여를 통한 방법 등이 있다.

보험상품에 가입하기 전에는 이러한 사항을 잘 살펴보아야 좀 더 많은 절세(Tax Saving) 효과를 볼 수 있다.

보험을 통한 올바른 재테크 방법

보험을 통한 재테크는 3가지 측면에서 접근하는 것이 바람직하다. 첫째, 단기효과를 통한 기회비용 극대화 차원에서의 절세측면, 둘째, 장기목적자금 마련, 셋째, 재산의 효율적 상속과 증여 차원이다.

단기절세효과는 바로 소득공제를 일컫는다. 주로 장기상품인 보험상품 특유의 추상성과 장기 효용성 때문에 자칫 보험의 가치를 등한시하고 자금이 궁할 경우 중도해지하고픈 위험이 항상 도사리기도 하는데 이럴 때 소득공제는 해마다 짭짤한 수익을 올려주어 보험의 매력을 더 느끼게 하면서 궁극적으로 장기목적자금 달성으로 가는 올바른 길을 열어주는 역할을 한다. 소득공제효과를 목적자금의 파이를 키우는데 활용한다면 절세효과는 그만큼 더 커질 것이다.

따라서 위험보장과 더불어 절세효과, 목적자금 마련이라는 다양한 효과가 있는 보험은 단기적 절세효과, 돈의 현재가치 및 미래가치의 상승, 상속·증여효과 등 3가지 측면에서 접근하면서 목적의식을 더 크게 갖고 합법적으로 절세하는 보험재테크 방법을 모색해야 한다.

보험의 세제혜택과 과세 여부

보험테크에서 빼놓을 수 없는 사항인 세제혜택과 과세유무를 보험

가입에서 종결 시까지 표로 일목요연하게 정리했다.

보험가입(유지) 시 세제혜택

구 분		세제혜택 주요 내용	혜택 대상	근거법령
보장성 보험	소득 공제 1	보장성보험 : 만기환급금액이 납입보험료를 초과하지 않는 보험계약에 한해 당해연도에 납입한 보험료 전액(연간 100만 원 한도) 소득공제	일용 근로자를 제외한 전 근로 소득자	소득세 법
	소득 공제 2	장애인전용 보장성보험 : 당해연도에 납입한 보험료 중 연간 100만 원 한도로 소득공제(보장성보험과 장애인보험 모두 소득공제 대상인 경우 보장성보험을 포함하여 200만 원 한도에서 소득공제)		
개인 연금 저축 보험	소득 공제	연간 납입한 개인연금보험료의 100%(300만 원 한도)까지 소득공제 ※단, 2000년 이전 가입분은 연간 납입보험료의 40%(72만 원 한도)까지 소득공제	근로 소득자, 자영업자	조세 특례 제한법
	비과세	• 2000년 이전 가입분은 10년 이상 납입 또는 5년 이상 연금수령 시 이자소득세 면제 • 2001년 이후 가입분은 연금수령 시 과세		

구 분		세제혜택 주요 내용	혜택 대상	근거법령
퇴직연금보험	소득공제	확정기여형(DC형) 가입 시 개인부담금 보험료를 연간 300만 원 한도에서 소득공제(단, 개인연금저축과 합산적용)	근로자	근로자 퇴직 급여 보장법
	손비처리	확정급여형(DB형)은 기존의 퇴직보험료와 동일한 기준으로 손금산입, 확정기여형(DC형)은 전액 손비인정	기업	
국민연금보험	소득공제	연간 납입한 개인연금보험료의 100% 소득공제혜택	지역, 사업장, 임의 가입자	국민 연금법
	비과세	연금수령 시 이자소득세 면제		
단체보험	비과세	퇴직보험 보험료의 손금 산입 근로소득세 비과세(단, 보험사로부터 수령받는 확정배당금은 과세)	단체보험 가입자 (종업원 : 피보험자, 수익자)	법인세법
	비과세	• 단체보장성보험 보험료 중 법인이 부담한 보험료는 손비 인정 비과세 • 근로자의 경우 회사가 부담한 보험료 중 연간 70만 원까지 근로소득세 비과세(초과금액은 근로소득에 합산과세)		법인세법, 소득세법

연금수령 시 세제혜택

적용시기	적용세제	적용대상 상품	적용세제 내용	비 고
연금 수령시	비과세	일반연금보험	10년 이상 유지	전통형 보험상품
	연금과세	개인연금저축보험 (구개인연금)	연금을 정기적(매월 또는 3개월, 6개월, 매년 등)으로 5년 이상 받으면 비과세	연금개시 이후 5년 이내 일시금수령 시 이자소득세 과세
		연금저축보험 (신개인연금)	연금수령기간 내내 계속 과세(5.5%의 저율 과세 적용)	연금개시 이후 5년 이내 일시금수령 시 기타소득세 추가 징수

보험계약 종결 시 과세유무

적용시기	적용세제	적용대상 상품	적용세제 내용	비 고
중도 해지 시	비과세	저축성보험, 일반연금보험	10년 이상 유지 시 완전비과세	10년 이내 해약 시 정상과세
5년 이내 중도 해지 시	해지 추징세	개인연금저축보험	연간 총납입보험료의 4.4%(연간 79,200원) 한도에서 소득세 추징	
		연금저축보험	연간 총납입보험료의 2.2% 소득세 추징, 기타소득으로 간주 22% 원천징수	
5년 이후 중도 해지 시	기타 소득세	연금저축보험	연금저축 가입자가 5년 이후 불입계약기간 만료 전 해지 시 기타소득으로 간주 22% 원천징수 실시	5년 이후 해지기간에 관계없이 연금 수령 전 해지 시 과세
사망 시	상속세	모든 보험상품	• 상속재산으로 간주하는 보험금은 사망보험금 중 피상속인이 낸 보험료의 부담비율 • 보험금의 20% 한도에서 최고 2억 원까지 공제 혜택	금융재산(보험금 포함)의 20%를 상속재산가액에서 공제
만기 시 (피보험자 생존 시)	증여세	저축성보험, 연금보험 등 생존보험	• 상속세 및 증여세율에 따라 과세, 단, 아래 조건에 부합할 경우 공제 해당금액 공제, 기간 : 10년 이상 • 배우자 : 6억 원, 자녀 : 3,000만 원 (미성년자 : 1,500만 원)	계약자와 피보험자가 다를 경우

보험금 수령 시 세제혜택

생존 보험금 세제혜택 (보험차익)	비과세	• 저축성보험 : 10년 이상 유지 시 이자소득세 면제 • 생계형 저축보험 : 저축원금 기준 1인당 3,000만 원까지 비과세(가입기간 불문)	보험 가입자	소득세법, 조세특례 제한법
	저율 과세 (세금 우대)	세금우대종합저축보험 : 1년 이상 유지 시 납입보험료 3,000만 원 이하는 보험차익 9% 저율과세(전 금융권 1년 이상 적립식 및 거치식 상품 통합관리 세금우대적용) 단, 60세(여자 55세) 이상 노인은 6,000만 원 이하까지 저율 분리과세 및 주민세 면제		
사망 보험금 세제 혜택	상속세 공제	순금융재산(상속재산으로 보는 보험금) 2,000만 원 이하는 전액 공제, 2,000만 원 초과 시는 순금융재산의 20% 공제(단, 공제 최고한도는 2억 원, 즉 1억 원까지는 2,000만 원임)	사망 시 수익자 (법정 상속인)	상속세법
	증여세 공제	장애인 및 상이자를 보험수익자로 하는 보험금은 연간 4,000만 원 한도에서 증여세 비과세	장애인 또는 상이자	상속세법, 증여세법

만기수익률 15.4% 저절로 올린다

비과세와 과세의 차이는 재테크의 결정적 변수

금융상품 가입 시 발생하는 수익원은 이자소득, 배당소득, 매매차익 3가지로 구분된다. 배당소득과 매매차익은 주식이나 채권에 투자할 경우 발생하는 실적배당형 상품들의 수익구조이고, 이자소득은 일반저축상품의 이자소득과 채권의 이자소득이 있다. 이자소득세가 완전히 비과세되는 상품은 저축성보험과 일반연금보험이 대표적이다.

장기저축성보험에 가입한 후 10년 이상 유지해 보험차익이 발생하면 그에 대해 이자소득세를 내지 않는다(※ 보험차익 비과세제도는 보험에 가입하여 가입해 만기일 또는 중도해지일까지 기간이 10년 이상인 경우 발생한 보험차익에 이자소득세를 면제하는 제도이다). 즉 10년 이상 유지 했을 때는 계약이 만기가 되었다거나 중도해약 시 발생하는 이자소득 에 대해 한 푼도 원천징수하지 않고 전액 비과세혜택을 준다.

현재 장기상품 중 저축금액에 상관없이 완전비과세혜택이 주어지는 상품은 다른 금융권에는 없다. 모두 가입한도가 정해져 있든지 비과세 한도가 정해져 있다. 보험상품은 절약된 세금만큼 이자수익을 제한 없 이 누릴 수 있는 최고의 다목적 장기재테크 상품이다.

이자소득 비과세는 목적자금의 파이를 키워준다

금융상품에 가입할 경우 이자소득세 또는 배당소득세에 대한 15.4% 의 원천징수는 목돈마련에서 매우 큰 걸림돌로 작용한다. 예를 들어 비슷한 장기저축상품에 가입하여 똑같은 투자수익률을 냈다고 할 경 우 이자소득세가 완전히 비과세되는 상품은 투자수익률을 15.4% 더 올린 것과 마찬가지기 때문이다. 쉽게 말해 이익이 100만 원 발생했다 면 비과세상품은 100만 원이 모두 자신에게 돌아오지만 일반상품은 이 중 15.4%를 원천징수한 후 나머지 84만 6,000원만 실질적으로 받 을 수 있다. 특히 장기투자 시 이자소득세는 매우 크게 작용한다. 10년

보험차익에 대한 소득발생 기간별 원천징수세율 적용 추이

구분	1996. 1. 1~ 1997. 12. 31	1998. 1. 1~ 1998. 9. 30	1998.10.1~ 1999.12.31	2000. 1. 1~ 2000.12.31	2001. 1. 1~ 2004.12.31	2005. 1. 1~	향후
1,800 만 원 이하	10.5%	11.1%	11.2%	11%	10.5%	10%	?
1,800 만 원 초과	16.5%	22%	24.2%	22%	16.5%	15.4%	축소 예정

※ 1,800만 원 이하는 세금우대(9.5%) 상품임.

이상 장기저축을 해서 투자수익이 1억 원이라면 이 중 1,540만 원을 이자소득세로 내야 한다.

그러나 보험금융상품도 비과세 폭과 비과세 적용기간이 점점 불리하게 전개되고 있음을 유념해야 한다. 정부에서는 세원확보와 형평성 차원에서 일몰시한이 다가오는 금융상품에 대해 점점 비과세율을 축소 또는 제외하는 방안을 검토하고 있다. 또 이자소득 비과세적용 상품에 대한 상품 유지기간이 점점 길어지고 있음을 간과해선 안 된다.

비과세혜택의 가이드라인 적용기간이 처음 3년 이상에서 5년 이상 →7년 이상→10년 이상으로 증가하면서 변천해왔다. 앞으로 비과세 대상을 축소하든지 아니면 적용기간을 더 길게 할 확률이 높으므로 빨리 가입하는 것이 여러모로 이익이다. 연 1%의 수익률에도 자금이 요동치는 저금리 시대에 연 15.4%의 이익을 저절로 누릴 수 있다는 것은 보통 특혜가 아니다.

보장성보험으로 매년 실질이자 듬뿍 받자

안전한 수익률이 보장되는 최고의 재테크 상품

"매월 적은 돈을 투자해 높은 수익을 올리고 싶은데 어떤 상품이 적당할까?"

이런 문제로 고민하는 사람은 보장성보험에 가입하는 것이 상책이다. '보장성보험에 가입하면 된다고? 이게 무슨 말일까? 보장성보험은 소비성 상품이 아닌가?

지금껏 이렇게 생각했다면 이 기회에 보장성보험에 대한 인식을 바꾸어야 한다. 보험은 단순히 소비성 상품이 아니라 장기재테크 상품이다. 재테크를 위해 금융상품을 선택할 때 가장 중요한 것은 '시드머니

(Seed Money)의 가치를 얼마나 높여줄 수 있는가? 를 먼저 따져보는 일이다.

즉 ① 가입기간 내내 생활보장을 받을 수 있으면서도 ② 해마다 덤으로 소득공제혜택까지 듬뿍 받을 수 있는 상품 ③ 만기 시에는 불입한 원금을 모두 돌려받을 수 있는 상품을 말하는데 재테크 시대에는 이러한 일석삼조의 금융상품을 찾아 가입해야 실속 있고 저축한 보람이 더 있다. 이런 조건을 두루 갖춘 상품이 바로 보장성보험(만기환급부)이다.

보장성보험에 가입하여 잘 운용하면 연수익률을 20% 정도 올릴 수 있다. 과연 '정말 그럴까?' 하고 의구심을 품는 사람들도 있겠지만 사실이다.

예를 들어 근로소득자인 홍길동(연간소득 4,000만 원, 종합소득 과세표준액 1,500만 원)이 월보험료 8만 4,000원이 들어가는 보장성보험에 가입했을 경우 매년 연말정산 시 16만 5,000원을 이미 낸 세금에서 환급받을 수 있게 된다. 즉 보장성보험에 가입함으로써 해마다 월보험료의 배에 해당하는 이자가 발생하는 셈이다.

이를 연간수익률로 따지면 자그마치 약 16.37%〔(165,000원÷1,008,000원)×100〕이다. 은행에서 상품수익률을 제시할 경우 세전수익률로 환산하면 19.35%나 된다. 이렇게 고수익을 낳는 금융상품은 그리 많지 않다. 더구나 환급받는 금액에 대해서는 세금이 하나도 안

보장성보험 가입 시 소득공제 효과

(기준 : 연간 100만 원 이상 불입 시)

종합소득 과세표준액	세율			세금경감액
	소득세	주민세	계	
1,200만 원 이하	6%	소득세의 10%	6.6%	66,000원
1,200만 원 초과~ 4,600만 원 이하	15%		16.5%	165,000원
4,600만 원 초과~ 8,800만 원 이하	24%		26.4%	264,000원
8,800만 원 초과	35%		38.5%	385,000원

※ 2010년 기준, 소득세 최고구간(8,800만 원 초과) 세율은 2012년부터 33%로 인하 적용

붙는다. 연금보험이나 저축성보험뿐만 아니라 보장성보험도 잘 활용하면 훌륭한 재테크 상품이 될 수 있다.

보장성 보험료는 연간 100만 원 한도를 채워라

보험상품을 유형별로 분류할 때 크게 보장성보험(사망보험), 저축성보험(생존보험), 양로보험(생사혼합보험) 등으로 나누는데 이 중 보장성보험에 대해서는 기본적으로 소득공제를 해준다. 근로소득공제 대상자를 피보험자로 하는 보장성보험에 가입했을 경우 당해연도에 납입한 보험료 중 연간 100만 원 한도에서 소득공제를 받을 수 있다.

이때 만기환급금액이 납입보험료를 초과하지 않는 보험계약에 한해

서만 소득공제혜택을 주므로 잘 살펴봐야 한다. 납입한 원금보다 만기 시 지급받는 보험금이 한 푼이라도 더 많은 상품에 가입하면 순수 보장성보험으로 인정해주지 않으므로 소득공제대상에서 제외된다. 소득공제대상이 되는 보장성보험 상품에는 자동차보험, 종신보험, 상해보험, 암보험, 건강보험, 정기보험 등 순수보장성보험과 만기환급부 보험상품이 있다.

또 장애인이 장애인전용 보장성보험에 가입(보험료납입 영수증에 장애인전용 보험으로 표시)한 경우에도 소득공제혜택을 준다. 장애인 본인이 피보험자 또는 수익자로서 기본공제 대상자일 경우에는 당해연도에 납입한 보험료 중 연간 100만 원 한도로 소득공제를 받을 수 있다. 보장성보험과 장애인보험 모두 소득공제대상인 경우에는 보장성보험을 포함하여 200만 원 한도에서 소득공제혜택을 받는다.

보장성보험에 가입하여 필자가 제시한 대로 소득공제효과를 최대한 받으려면 ① 개인사업자 또는 자유직업종사자가 아닌 근로소득자여야 하고 ② 만기환급부보험에 가입해야 하며 ③ 보험계약자를 자기 명의로 해야 하고 ④ 중도에 효력상실 상태가 아니어야 한다는 부대조건이 반드시 충족되어야 하므로 가입할 때는 이를 유념한다. 그리고 맞벌이 부부의 경우 남편을 피보험자로 하고 배우자를 보험계약자로 하면 배우자가 납입한 보험료는 연말소득공제 대상이 아니므로 유의한다.

보험료 소득공제를 받으려면 해당 보험사가 발급하는 보험료 최종 납입 영수증 또는 보험료 납입 증명서를 당해연도 12월분 급여를 지급받기 이전까지 근무 중인 회사에 제출하면 된다. 중도퇴직자는 퇴직급여를 받기 전까지 퇴직한 회사에 제출하면 된다.

종류별 보험료 소득공제 범위 및 세제효과 종합 분석

소득공제 대상 보험상품	보장성 보험	장애인전용 보장성보험	개인연금 저축보험	연금 저축보험	퇴직연금 보험(DC형)	비고
공제조건	• 계약자=근로소득자 • 피보험자=본인, 배우자 또는 부양가족		• 계약자=피보험자=연금수익자 • 계약자=피보험자=연금수익자		계약자=피보험자=연금수익자	
공제대상 보험료	• 일반 보험의 주보험 및 특약 • 개인연금보험의 특약	장애인전용 보장성 보험의 주보험	개인연금 저축보험의 주보험	연금저축 보험의 주보험	DC형 퇴직연금보험의 주보험	연간 기준
납입인정률	납입보험료 전액 100%	납입보험료 전액 100%	납입보험료 40%	납입보험료 전액 100%	납입보험료 전액 100% (종업원 부담 보험료만 해당)	보험료 납입금액 인정률
공제한도	연간 100만 원	연간 100만 원	연간 72만 원	연금저축과 DC형을 합산하여 연간 300만 원까지 적용		연간 총 572만 원까지 가능
소득공제효과	66,000원 ~ 385,000원	66,000원 ~ 385,000원	47,520원 ~ 277,200원	198,000원~1,155,000원		연간 총 2,202,200원 세금 경감

소득공제 대상 보험상품	보장성 보험	장애인전용 보장성보험	개인연금 저축보험	연금 저축보험	퇴직연금 보험(DC형)	비고
월불입보험료	84,000원	84,000원	60,000원	250,000원		세금경감 극대화 위한 최저금액
연수익률	약 6.55~38.19%	약 6.55~38.19%	6.6~38.5%	6.6~38.5%		최저~최고 발생한도
공제대상자	근로소득자	장애인	소득발생자 모두 해당	소득발생자 모두 해당	직장인	
근거법률	소득세법	소득세법	조세특례 제한법	조세특례 제한법	근로자퇴직 급여보장법	
특이사항		보장성보험과 합산 200만 원까지 가능	2000. 12. 31 이전 가입분만 적용	2001. 1. 1 이후 가입분, 개인연금저축 소득공제와 중복적용	연금저축을 제외한 다른 보험료 소득공제와 중복적용 가능	

※ 주

1. 민영보험만 분석(국민연금과 공무원연금, 고용보험 등 공적연금의 보험료 소득공제는 제외)
2. 연금저축보험과 퇴직연금(DC형)의 소득공제에서 공제대상의 우선순위는 없음
3. 소득공제효과는 소득공제 상품별로 연간 공제한도까지 보험료를 불입(연간 총 572만 원 이상 불입)하였고, 종합소득과세표준 구간 중 8,800만 원 초과 구간 적용 시 소득공제로 이루어지는 세금경감 최고한도액을 의미. 소득세 최고구간(8,800만 원 초과) 세율은 2012년부터 33%로 인하 적용
4. 근로소득자를 제외한 자영업자, 전문직 종사자, 자유직업자 등은 연금저축과 개인연금저축, 국민연금 등 공적연금에 대해서만 소득공제로 세금경감 효과 발생
5. 월보험료는 소득공제로 인하여 세금경감효과를 상한금액까지 받기 위한 월불입금액 최저한도금액 의미
6. 연수익률은 상기 월불입금액을 기준으로 하여 세금경감효과 발생분에 대한 세후수익률 의미
7. 장기주택마련저축보험은 2009년 이전 가입자에 한 해 일몰 시한인 2012년까지만 소득공제혜택이 주어지므로 제외하였음(총급여 8,800만 원 이하인 자에 한해 가입시점부터 7년 이상 유지해야 비과세 및 소득공제혜택 부여)

보장성보험과 연금저축보험 소득공제의 차이점

1. 보장성보험료 소득공제는 근로자에게만 적용되지만 연금저축보험료 소득공제는 근로자를 포함한 모든 종합소득자에게 적용된다. 즉 자영업자, 전문직 종사자 등 모든 사업자가 연금저축보험 불입액을 자신의 사업소득에서 공제받을 수 있다.

2. 보장성보험은 본인 외에 기본공제대상인 가족을 피보험자로 해도 소득공제를 받을 수 있지만 연금저축보험은 반드시 소득자 본인을 피보험자로 해야 한다. 예를 들어 소득이 없는 부인을 피보험자로 한 암보험의 보험료는 남편의 근로소득에서 공제받을 수 있지만, 부인을 피보험자로 한 연금저축보험의 납입액은 남편의 소득에서 공제받을 수 없다.

3. 연금저축보험에 대한 소득공제도 보장성보험처럼 소득세(주민세 포함)를 돌려받는 효과가 있지만 그 효과가 영구적이지 않다. 연금 불입 후 나중에 연금을 수령하면 연금수령액에 연금소득세가 과세된다. 연금저축보험은 국가가 현재 세금을 깎아주고 나중에 이를 되돌려 받는 과세이연제도 상품이다.

4. 보장성보험은 다른 보험에 가입했어도 연간 최대 100만 원 한도까지 모두 소득공제를 받는다. 장애인전용 보장성보험 가입대상

자는 연간 100만 원 한도까지 추가 공제(총 200만 원)를 받을 수 있
다. 연금저축보험은 퇴직연금에 가입했을 경우 퇴직연금 불입금
과 합산 적용하여 연간 300만 원을 한도로 소득공제를 받게 된다.

5. 보장성보험은 불입하다가 중도해지하더라도 이미 소득공제로 환
급받은 세금을 추징당하지 않지만 연금저축보험을 중도해지하면
해지일시금을 기타소득으로 간주해 과거에 소득공제를 통해 환급
받은 세금을 추징한다.

자녀에게 부채가 아닌 곳간을
마련해주는 비법

자녀에게 곳간을 남겨주는 비법은 뭘까

"아버지가 불의의 사고로 사망했는데 엎친 데 덮친 격으로 생전에 사업을 하다가 부도를 맞아 빚이 10억 원이 넘는다. 부모님 재산은 총 5억 원 정도 된다."

"현재 경제적 활동기에 있는 생때같은 중장년층으로 자녀가 만약 이와 같은 상황에 직면하게 될 것을 염두에 두고 미리 해결방안을 모색한다면 최선의 해결책은 뭐라고 생각하는가? 그리고 이때 자녀들은 어떻게 대처하면 좋을까?"

이런 일이 닥친다면 어떻게 대처해야 좋을지 몰라 갈등하거나 상속을 포기할지도 모른다. 그래서 '부모가 진 빚을 자녀가 상속을 포기하는 대신 아무런 책임도 지지 않으면서 부모가 남겨준 다른 재산으로 자녀들이 안정된 삶을 살아갈 수 있게 하는 방책이 있다면 얼마나 좋을까?' 하고 생각할 것이다. 그리고 그런 일이 사랑하는 가족에게 발생하지 않도록 미리 방지책을 모색하려 할 것이다.

이럴 때 가뿐하게 처리하는 가장 합리적인 해결책이 한 가지 있다. 바로 보험에 가입하여 보험금을 상속할 수 있게 해주는 것이다. 빚이 많거나 자녀에게 상속할 자산이 없을 경우 재산을 물려줄 수 있는 최선의 방법은 종신보험에 들어 보장자산을 물려주는 것이다. 종신보험은 자녀에게 부채가 아닌 곳간을 남겨주는 최고의 비법이다.

채무변제대상에서 제외되는 유일한 금융상품

부모에게서 상속받을 때 상속재산이 채무액을 초과하는 경우 이로부터 벗어나는 방법은 ① 상속인은 상속재산의 한도에서만 채무를 변제할 책임을 지게 되는 한정승인과 ② 상속인은 처음부터 상속인이 아닌 것으로 되어 모든 재산을 상속하지 않는 것으로 보는 상속포기 등 2가지가 있다.

사망보험금은 이 2가지 조건 중 ①의 한정승인을 통하여 부모 부채의 일정부분만 면책받을 수 있지만 ②와 같이 상속을 포기한다고 하더라도 보험금 수령에는 아무런 하자가 발생하지 않는다는 상속효과가 발생하게 된다.

사망보험금은 보험수익자만 활용하는 고유 자산

물론 종신보험 가입 후 가장의 사망으로 상속받은 보험금도 상속에 포함된다. 보험금은 일반재산과 다른 의미의 자산이지만 상속과세 기준에는 포함되므로 상속세 과세기준대상이 된다. 그러나 부모의 상속재산에는 포함되지 않기 때문에 보험금으로 인한 상속은 하자 없이 자녀가 그대로 승계할 수 있다.

즉 부모의 유산에는 포함이 되지 않으므로 상속포기를 할 경우 부모가 보험에 가입함으로써 차후 수령하게 되는 사망보험금까지 전부 포기하는 것으로 간주되는 것은 아니다. 사망보험금은 피보험자가 사망한 뒤 보험수익자에게 지급되는 금액으로 사망 이전에는 현실화되지 않는 금액이다.

사망보험금은 보험수익자의 고유한 권한으로 부모의 부채와는 아무

상관없으므로 상속포기를 하면 부모의 사망으로 받는 사망보험금 전체에 대해서는 부채 변제의 법적 구속력이 없다. 즉 보험금은 수익자 몫이므로 채권자들이 건드릴 수 없다.

따라서 보험가입 시 사망보험금의 수익자를 자녀명의로 해놓으면 부모 사망 시 부채가 많아 상속포기를 하게 되더라도 보험금은 고스란히 다 받을 수 있다.

종신보험, 변액종신보험, CI보험 등 보장성보험에 가입할 경우에는 보험수익자를 반드시 자녀명의 등으로 확실하게 지정해놓는 것이 세테크 차원에서도 중요하다. 보험금은 상속포기를 해도 다 받을 수 있는 최고의 재테크 상품으로 가장 안전한 상속수단이므로 알뜰히 활용하는 지혜를 발휘하자.

거액 부동산 소유자는
종신보험 꼭 가입

부동산 상속 후 상속세 마련할 마땅한 방법이 없다면

홍길동 씨는 얼마 전 돌아가신 아버님에게 약 100억 원에 달하는 부동산을 상속받게 되었다. 그런데 상속받은 재산이 자기 명의로 이전되는 기쁨도 잠시 세무사를 찾아가 자문한 결과 납입해야 하는 상속세가 엄청나 무척 당황스러웠다. 더구나 상속 재산이 여러 군데 흩어져 있는 토지와 건물이라서 급히 팔 수도 없었다. 홍길동 씨는 이 문제를 어떻게 해결해야 할지 묘책이 서질 않아 고민이다. 그렇다고 무작정 고민만 할 수도 없다. 세법상 상속이 발생되면 상속개시일부터 6개월 이내에 상속세를 납부해야 하기 때문이다.

만약 이런 난처한 상황에 처한다면 어떻게 하는 것이 가장 현명할까? 상속세는 사망 후 6개월 이내에 현금으로 납부해야 하므로 남은 가족은 상속세 부담을 안게 된다. 따라서 현재 보유하고 있는 금융자산이 많다면 이로써 해결하는 것이 상책이다.

그러나 보유한 현금성 자산이 상속받은 재산(부동산)으로 발생하는 상속과세액보다 현저히 부족하면 막막할 것이다. 또 현실적으로 현금성 자산을 많이 보유해놓은 가정도 그리 많지 않다.

상속세를 해결하는 4가지 방법

부모에게서 상속받은 재산이 부동산이고 현재 자신이 보유하고 있는 금융자산이 거의 없을 경우 상속세를 해결하는 방법에는 크게 4가지가 있다.

즉 ① 상속세를 부동산으로 물납(物納)하는 방법 ② 부동산을 처분해 현금으로 납부하는 방법 ③ 부동산을 급매로 처분하는 방법 ④ 상속인들이 연대해 납부하는 방법 등이다.

만약 상속세를 마련하기 위해 ① 물납으로 할 경우 기준시가로 평가하기 때문에 기본적으로 저평가되어 손해폭이 클 수 있고 ② 부동산을 처분해 세금을 납부하려 해도 상속 부동산 중 세금액에 맞는 적합한 부동산을 찾아 상쇄하기가 쉽지 않을 수 있으며 ③ 급매로 처분하면 자칫 제값을 충분히 받지 못해 손해를 볼 우려가 있다. ④ 부동산을 상속받은 후 상속인이 연대해 상속세를 납부할 경우 이 과정에서 일부 상속인이 세금을 납부할 형편이 되지 못하거나 다른 사유로 의기투합하지 않을 때에는 자칫 형제남매 사이에 불협화음이 발생할 소지가 있다.

그리고 상속받은 부동산을 상속개시일부터 6월 이내에 처분할 때 상속세 과세표준이 30억 원 이상인 경우 상속세율은 최고 세율인 50%를 적용받게 되어 그 처분액이 상속재산평가액으로 산입돼 누진공제를 받아도 상속세를 당초 과세액보다 더 많이 내야 하는 최악의 상황에 직면할 수 있다.

또 상속세 신고기간인 상속개시일부터 6개월 이내에(증여세는 증여일부터 3개월 이내) 납부하지 않으면 납부할 세액의 10%를 납부재산세로 하여 추가 징수당하게 된다.

과세표준별 상속세 및 증여세 적용 세율

과세표준	세율	누진공제액
1억 원 이하	10%	–
1억 원 초과 5억 원 이하	20%	1,000만 원
5억 원 초과 10억 원 이하	30%	6,000만 원
10억 원 초과 30억 원 이하	40%	1억 6,000만 원
30억 원 초과	50%	4억 6,000만 원

설령 이런 상황까지는 안 온다 하더라도 위에 제시한 상속세 마련 방법은 모두 상속인인 자녀 처지에서 볼 때 사랑하는 부모님이 물려주신 소중한 재산을 단지 상속세를 내는 수단으로 처분하기는 그리 쉽지 않을 것이다.

예를 들어 유족들이 임대수입으로 안정되게 생활할 수 있을 것이라는 생각으로 상가건물을 상속해주지만 막상 상가건물을 팔아야 할 상황에 직면한다면 그러한 계획이 물거품이 될 수 있다.

실제로 재산과 임대수입이 어느 정도 있어 이런 상황에 처한 부자들은 상속문제에 신경을 많이 쓰고 있고, 상속을 받은 유가족 또한 이 문제로 많이 고민한다. 그간 일군 소중한 자산을 자식들에게 물려줄 경우 상속세라는 암초에 걸리게 되기 때문이다.

종신보험은 가장 효율적이고 현명한 재산상속 수단

이럴 경우에 대비해서 유동성 자산을 확보할 수 있는 가장 손쉬운 상속재원 마련 방법이 있는데 그것이 바로 종신보험 가입이다. 종신보험을 통해 상속세 납부재원을 미리 확보해놓는다면 부동산 상속에 따른 세금문제를 해결할 수 있다. 또 자녀는 부모님이 물려준 소중한 자산을 지킬 수 있다는 안도감과 부모의 자녀사랑 깊이를 또다시 느끼면서 감사의 마음을 한없이 표할 것이다.

이 방법이 가족사랑의 표상인 종신보험을 통해 상속세 문제를 일거에 해결하고 아울러 자식들이 상속받은 재산을 온전히 지키면서 대대로 부를 이어나갈 수 있는 최선책이다.

특히 상속받은 유가족 사이에 세금납부 문제로 생길 수 있는 불화를 예방함으로써 남은 가족의 화목을 도모하게 해주는 우애도모와 행복 씨앗이 될 수 있다.

따라서 상가나 아파트, 토지 등을 많이 소유한 자산가는 앞에서 예로 든 여러 상황을 늘 염두에 두면서 미리 종신보험에 가입하여 상속세 문제를 깔끔하게 해결해 사후에도 자식들에게 실질적인 경제 도우미가 되어야 한다. 이것이 남은 가족에 대한 참사랑이다. 종신보험은 상속세 절세효과와 더불어 소중한 재산을 지켜주는 재테크 도우미다.

보험금 상속을 효율적으로 하기 위해 주의할 사항

상속세 납부에 따른 세금문제를 해결하기 위해 종신보험에 가입할 때 주의할 점이 있다. 피상속인의 사망으로 상속인이 보험금을 수령받게 되면 보험금도 상속재산으로 들어가게 되어 상속세가 더 늘어나게 될 수 있다. 피보험계약자와 수익자를 부모로 하면 사망보험금은 당연히 상속재산에 포함되기 때문이다.

따라서 피보험자는 본인으로 하되 보험계약자와 보험수익자를 배우자 또는 자녀명의로 하면 증여세 과세대상에서 제외됨은 물론 사망보험금 또한 상속재산에 포함되지 않으므로 가입할 때 이를 유효적절하게 활용할 필요가 있다.

단, 보험계약자와 보험수익자를 배우자 또는 자녀로 할 경우, 본인 소득이 없는 전업주부나 미성년자는 피상속인이 보험금을 대신 납부한 것으로 보아 상속재산으로 평가될 수 있다는 점을 유념해야 한다.

배우자가 소득이 없을 경우에는 본인 소득으로 실질적으로 보험료를 납부해야 하므로 보험계약자와 보험수익자를 배우자 명의로 하는 것은 실익이 별로 없다.

상속재산으로 간주하는 보험금은 '상속세 및 증여세법 시행령 제4조'에 상속을 통해 지급받은 보험금의 총합계액에 피상속인이 부담한 보험료 금액이 당해 보험계약으로 피상속인이 사망할 때까지 불입한 보험료 총합계액에서 차지하는 비율을 곱하여 계산한 금액으로 한다고 명시하고 있다.

▥ 종신보험의 장점

종신보험은 정기보험과 달리 해약환급금이 지급되므로 향후 가정의 경제준비자금을 설계할 때 부족한 자금과 연계하여 장기저축으로도 활용할 수 있다. 소득공제와 세테크 기능을 적극 활용하여 재테크 효과와 더불어 상속재원 마련 수단으로도 안성맞춤이라 상속플랜을 자유롭게 설계할 수 있다. 이는 종신보험이 다른 금융상품보다 매우 유리한 점이다.

또 종신보험은 연금전환 기능이 있어서 활동기에는 일반사망과 재해사망 구분 없이 고액을 보장받고, 은퇴 뒤에는 연금으로 전환하여 그간 납부한 보험료(해약환급금)를 노후생활자금으로 활용할 수 있다는 점도 매우 큰 매력이다. 특히 은행 기능을 살린 유니버설종신보험과 특별계정(Separate Account) 부분을 펀드로 운용하는 변액종신보험과 변액유니버설종신보험은 장기재테크 상품으로 손색이 없다.

은행예금보다 일시납보험으로 상속

똑같은 이자수익이 발생할 경우 보험과 은행상품의 차이

A와 B 두 사람이 있다. 두 사람 다 현재 목돈 1억 4,000만 원을 갖고 있는데 이를 나중에 자녀에게 상속하려고 한다. A는 보험 일시납을 들어 보험금으로 상속해주려 하고, B는 은행 신탁예금에 가입해 물려주려고 한다. A가 가입한 보험 일시납 상품과 B가 가입한 은행 신탁예금상품의 이자가 동일한 시점에서 6,000만 원으로 모두 똑같아 적립금액이 2억 원이 되었다. 이때 불행하게도 두 사람이 같이 일반사망을 하였다면 자녀에게 실질적으로 상속되는 금융재산은 보험금 2억 원과 은행예금 2억 원이 똑같을까?

위와 같은 일이 발생하였을 경우 많은 사람들이 보험금 2억 원을 물려주는 것과 은행예금 2억 원을 물려주는 것에 대해 둘 다 금융상품에다 원금이 똑같고 이자도 같으므로 자녀에게 돌아가는 상속액은 당연히 똑같을 거라고 생각할 것이다.

은행예금은 금융재산 상속분에 이자소득세 적용

그런데 보험금을 상속해주는 것과 은행예금을 상속해주는 것에는 차이가 많다. 물론 상속세 및 증여세법에 의거하여 금융재산에 대한 상속공제는 보험과 은행예금 똑같이 적용된다. 즉 보험에 가입한 후 사망했을 때 보험수익자를 상속인으로 하면 은행예금 등과 같이 금융재산으로 간주되어 금융자산의 20% 한도에서 최고 2억 원까지 공제혜택을 받는다.

예를 들어 보험금을 2억 원 받았다고 하면 4,000만 원(2억 원×20%)은 상속세 과세대상에서 제외되고 나머지 1억 6,000만 원에 대해서만 상속세가 붙는다(상속받은 보험금 등 금융재산의 상속공제는 피상속인이 사망함으로써 상속개시되는 경우 상속개시일 현재 금융재산에서 금융채무를 차감한 순금융재산에 대하여 최고 2억 원까지 상속세를 공제해주는 제도를 말한다).

상속 금융재산가액	공제금액
2,000만 원 미만	상속금액 전액
2,000만 원~1억 원	2,000만 원
1억 원 초과	상속금액의 20%(2억 원 한도)

그런데 여기서 알아둘 사실은 2억 원을 보험금 또는 은행예금으로 상속받았을 경우 보험금의 금융자산공제액은 4,000만 원(2억 원×20%)이지만 은행예금의 금융자산공제액은 2억 원에서 이자소득세(15.4%)를 뺀 나머지 금액의 20%가 적용된다는 점이다.

위 사례와 같이 원금이 1억 4,000만 원이고 이자소득이 6,000만 원이라면 6,000만 원에 대한 이자소득세 924만 원을 공제한 나머지 금액이 금융자산공제금액이 된다.

즉 2억 원−924만 원 ⇒ 1억 9,076만 원×20% ⇒ 3,815만 2,000원이 금융자산공제금액이다. 보험금으로 상속할 경우보다 184만 8,000원이나 손해 보는 셈이다.

더구나 보험금은 '적립금액=사망보험금'이 아니다. 일시납형의 저축성보험이라 해도 위험보험료를 내도록 되어 있기 때문에 일반사망 또는 재해사망 시 지급되는 보험금액이 해당약관에 따라 다소 차이는 있지만 별도로 책정되어 있다. 따라서 상속 시 실질적 자산수익은 184만 8,000원보다 훨씬 더 많다. 그러므로 목돈 운용도 단순히 눈앞의 이자율만 따지지 말고 상속까지 고려한 지혜로운 재테크가 되도록 운용해야 한다.

똑같은 금액 상속 시 사망보험금과 은행예금의 차이

첫째, 사망보험금에는 상속세만 적용되지만 은행예금에는 상속세와 배당금(이자액)에 대한 이자소득세가 함께 주어진다.

둘째, 사망보험금은 원금대비 규모가 매우 크지만 은행예금은 원금대비 규모가 그리 크지 않다.

셋째, 보험은 재산이 없을 때 유산상속 수단으로도 가능하지만 은행(저축)은 재산이 있어야만 자식에게 유산을 제대로 물려줄 수 있다.

넷째, 보험은 아주 적은 돈으로 자식에게 유산을 많이 물려줄 수 있지만 은행(저축)은 많은 돈을 허리띠를 졸라매고 모아야 유산을 제대로 줄 수 있다.

다섯째, 보험은 금융자산공제 시 이자소득세가 없어 전액을 공제받

지만 은행(저축)은 금융자산공제 시 이자소득세를 뺀 나머지 금액에 대
해 공제받으므로 똑같은 금액이라도 실질적인 금융자산공제액은 보험
이 더 많다.

▌▌▌자산가는 달러보험, 일시납보험

목돈(달러 자산)이 있을 경우 노후생활자금 또는 국외유학자금 등을 장기목적자금에 맞게 마
련하려면 달러보험(외화자산표시보험)을 들어두는 것도 바람직한 재테크 방법이다. 달러화로
보험료를 내고 보험금을 타는 달러보험은 대부분 10년 이상 확정금리(공시이율)를 적용하므
로 고정수익을 얻을 수 있고 환차익을 볼 수 있으므로 수익률이 좋다. 환차익의 경우 이자수
익이 아닌 환율상승이므로 세법상 소득세, 이자소득세 부과대상이 아니어서 수익이 고스란
히 가입자 몫이 되는 절세효과가 있다. 또 일시납보험(저축성보험)도 10년 이상 유지하면 비
과세되므로 장기목적자금을 마련하기 위해서는 좋은 재테크 수단이 된다.

보험으로 증여세 절감효과 높여라

증여세 면세기준점까지 자녀명의로 보험 들어 증여세 절감

부모가 자녀명의(자녀가 보험계약자와 수익자가 되고 부모는 피보험자)로 보험을 들면 상속세와 증여세 절감효과가 일정부분 발생한다.

보험기간이 10년 이상인 만기보험금을 계약자가 증여할 경우 배우자는 6억 원, 자녀는 1인당 3,000만 원(미성년자는 1인당 1,500만 원), 기타 친족은 500만 원까지 증여세가 공제된다.

증여세 대상별 증여세 비과세 공제한도액

증여자	공제한도액(원금기준)	공제적용기간
배우자	6억 원	10년간
직계존비속(자녀)	1인당 3,000만 원 (미성년자는 1인당 1,500만 원)	10년간
배우자 및 직계존비속 외의 친족	500만 원	10년간

이때 친족이 아닌 타인은 증여세 공제를 받을 수 없다. 보험금의 상속 및 증여시점은 보험금지급사유가 발생했을 때를 말한다. 따라서 자녀명의로 증여세 면제기준점에서 미리 증여해 보험료를 지불하면 증여효과가 극대화된다.

미성년자 자녀에게는 10년 동안 매월 12만 5,000원씩, 성년자 자녀에게는 매월 미성년자의 두 배인 25만 원씩 들어가는 보험에 가입(증여)해놓으면 만기가 되었을 때 만기보험금에서 증여세를 한 푼도 안 내고 모두 수령할 수 있다.

이때 증여세 면제대상 금액의 기준은 부모가 10년 동안 불입한 총납입보험료 합계를 말한다. 그간 붙은 이자는 포함되지 않고 순수한 원금만 의미한다.

연금보험이나 저축성보험, 만기환급부보험 등 생존보험을 배우자나 자녀명의로 가입하는 방법도 세테크 차원에서는 매우 바람직하다. 자녀명의로 보험료를 증여할 경우 매월 납입할 보험료가 자녀명의의 통장에서 자동이체되도록 한다. 그래야 나중에 증여문제가 발생하더라도 증여세 과세기준금액이 보험금이 아니라 자녀명의의 통장에 입금된 추가금액으로 한정된다.

증여세 면세기준점 이내에서 증여하여 증여세를 내지 않아도 된다고 해도 국가에서 그냥 인정해주는 것은 아니므로 증여신고는 3개월 이내에 거주지 관할 세무서에 한다.

한편 장애인전용 보장성보험이나 장애인 및 상이자를 수익자로 한 보험계약에 가입하여 지급되는 보험금에 대해서는 연간 4,000만 원 한도에서 증여세를 비과세한다.

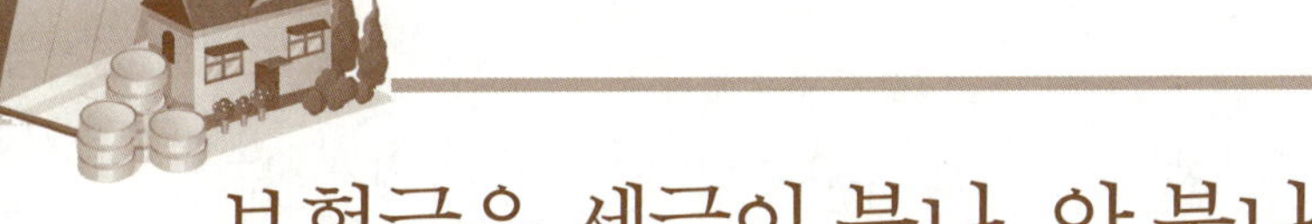

보험금은 세금이 붙나, 안 붙나

사람들은 대부분 보험금에는 세금이 안 붙는다고 생각한다. 계약자와 피보험자와 수익자를 동일인으로 하여 계약한 후 만기금을 타본 사람들이 그런 말을 하는데 맞는 말이다. 계약자와 수익자가 같으면서 만기금을 타는 경우에는 세금이 없다. 그러나 계약자와 수익자가 다르면 세금을 내야 한다.

설령 계약자와 수익자를 동일인으로 했다 하더라도 계약자가 사망하면 수익자는 계약자가 아닌 다른 사람, 즉 사망 시 수익자가 되고 이는 불로소득이기 때문에 상속세를 내야 한다.

계약자가 처음부터 만기 때나 사망 시 수익자를 따로 지정하였다면 만기로 타는 만기보험금은 증여세를 내야 하고 사망 시 타는 사망보험금은 상속세를 내야 한다. 즉 보험금은 본인(계약자)이 수익자가 되고 살아서 만기보험금을 탈 때를 제외하고는 반드시 상속세나 증여세 가운데 하나를 내야 한다.

사망보험금 수령 시 과세 여부

구 분	가입예시			수익자에 대한 과세여부	
	보험계약자	피보험자	보험수익자	사망보험금	만기(생존)험금
계약자, 피보험자, 수익자가 동일인인 경우	남편	남편	남편	상속세	세금 없음
	처	처	처		
계약자와 피보험자가 동일하고 수익자가 다를 경우	남편	남편	자녀	상속세	증여세
	남편	남편	처		
	처	처	자녀		
	남편	남편	처		
계약자와 수익자가 동일하고 피보험자가 다를 경우	남편	처	남편	비과세	비과세
	처	남편	처		
	남편	제3자	남편		
피보험자와 수익자가 동일하고 계약자가 다를 경우	남편	처	처	상속세	증여세
	처	남편	남편		
계약자, 피보험자, 수익자가 각각 다를 경우	남편	처	자녀	증여세	증여세
	처	남편	자녀		
계약자가 2인이면서 수익자가 그중 한 명일 경우	남편 1/2 처 1/2	남편	처	1/2은 상속세, 1/2은 비과세	1/2은 증여세, 1/2은 비과세
		처	남편		
단체보험의 경우	회사(대표)	종업원	종업원	종업원의 상속인에게 상속세	세금 없음

※ 보험수익자를 지정하지 않았을 경우 피보험자 사망 시 상속인(보험수익자)은 법정상속인

소득공제혜택이 매우 큰
연금저축보험

연금저축보험으로 현재가치와 미래가치 극대화

재테크할 때는 미래 일정시기에 필요한 목적자금을 마련하는 방법과 현재 시점에서 가능한 한 소득의 파이를 키워 실생활에 도움이 되게 하는 방법이 있다. 특히 노후를 대비해 개인연금에 가입할 경우에는 시드머니의 미래가치에 대한 불확실성 때문에 불안해하는 사람도 있다. 이럴 때 현재 수입의 파이를 최대한 키워 현재가치를 높이는 방법이 있다. 바로 연금저축보험에 가입하여 소득공제혜택을 매년 받아 이를 자산형성을 위해 유효적절하게 재활용하는 것이다.

개인연금에 가입하는 것은 노후자금의 적기수령이 가장 큰 목적이지만 가입한 보험을 통한 절세방법도 알아두어야 한다. 세제혜택 여부는 노후자금의 파이를 키우는 데 매우 중요한 기폭제가 되기 때문이다. 개인연금상품 중 연금저축보험은 사회보장적 성격을 띠기 때문에 정부에서 세제를 대폭 지원해 현재 시점에서의 재테크에도 매우 유리한 상품이다.

연금저축보험의 소득공제혜택은 퇴직연금을 포함하여 해마다 300만 원 한도(불입액의 100%까지)에서 주어진다(조세특례제한법 시행령 제80조 및 제80조의 2). 단, 연금저축불입액과 '근로자 퇴직급여 보장법'에 따라 근로자가 부담하는 퇴직연금(DC형) 부담금의 합계액과 300만 원 중 적은 금액을 공제해준다(조세특례제한법 제86조의 2).

연금저축보험의 최대 장점은 소득공제혜택

연금저축보험에 가입하면 상품 자체의 수익률 이외에 연말정산 또는 사업소득 신고 때 소득공제를 통해 자신의 소득(과세표준금액)에 해당되는 세율만큼 세금을 환급받아 추가수익을 올릴 수 있어 일석이조 효과를 거둘 수 있다.

예를 들어 연금저축보험에 매월 25만 원씩 연 300만 원을 불입하는 홍길동의 연소득이 5,000만 원이고 종합과세표준금액이 3,000만 원이라면 해마다 49만 5,000원을 연말정산 또는 사업소득 신고 시 환급받는다. 이러한 절세효과는 매우 큰 것이다. 300만 원을 단순히 1년간 예치할 경우 연이자율이 무려 16.5%나 되기 때문이다.

이는 순수한 세후수익률과 동일하므로 이 금액을 세전이자율로 환산하면 19.5%나 되는 매우 높은 이자율이다. 단순히 연금저축보험에 가입했다는 사실 하나만으로 차후 적립금액의 평가는 별도로 하고 소득공제효과로만 연환산수익률 19.5%를 올리는 고수익을 얻는 셈이다.

구체적으로 연금저축펀드를 매월 25만 원씩 연간 300만 원 불입했을 경우 종합과세 과세표준에 따라 세율별로 소득공제되는 금액을 살펴보면 다음과 같다.

연금저축 가입 시 연간소득공제 효과

(기준 : 연간 300만 원 이상 불입)

종합소득 과세표준액	세율			세금경감액
	소득세	주민세	계	
1,200만 원 이하	6%		6.6%	198,000원
1,200만 원 초과~ 4,600만 원 이하	15%	소득세의 10%	16.5%	495,000원
4,600만 원 초과~ 8,800만 원 이하	24%		26.4%	792,000원
8,800만 원 초과	35%*		38.5%	1,155,000원

＊ 소득세 최고구간(8,800만 원 초과) 세율은 2012년부터 33%로 인하 적용

장수시대, 종신형을 선택해야 연금액이 더 많다

연금저축보험은 이름을 달리하여 모든 금융기관에서 취급하는데, 장수시대를 맞이하여 보험회사 상품을 선택하는 것이 연금재테크 차원에서 가장 효과적이다. 연금수령방법으로 상속형과 정액형(확정형), 종신형 등이 있는데 이 중 평생토록 연금을 수령할 수 있는 종신형은 보험사에서만 취급하기 때문이다.

똑같은 금액을 불입하여 은행과 보험사의 연금저축에 가입하였을 경우 평균수명 이상을 산다고 할 때 실질적인 총연금수령액은 나이에 따라 다소 차이는 있지만 상대적으로 볼 때 보험사가 더 많다. 연금저축보험에 가입할 때는 가능한 한 납입기간을 길게 해야 소득공제혜택을 더 많이 오랫동안 받을 수 있다.

근로소득이 있는 근로소득자나 종합소득이 있는 자영업자는 연금저축보험에 가입하여 노후자금마련을 통한 미래 연금소득을 안정적으로 확보하고 소득공제로 현재의 실질소득 증대효과도 함께 누리는 재테크 지혜를 발휘해보자.

■■■ **개인연금저축(보험)과 연금저축(보험)의 차이점**

연금보험의 소득공제상품은 2001년 1월 1일을 기준으로 하여 ① 그 전에 가입했으면 개인연금저축보험(구 연금)으로 ② 그 이후에 가입했으면 연금저축보험(신 연금)으로 구분된다. 두 상품 모두 최대 연간 1,200만 원까지 불입할 수 있지만 소득공제 폭은 다르다. 개인연금저축보험은 저축불입액의 40%를 72만 원 한도로 공제해주므로 연간 180만 원 초과불입금액은 소득공제를 받지 못한다.

연금저축보험은 저축불입액의 100%를 공제해주는데 그 상한선이 300만 원이다. 2001년 이전 가입한 개인연금저축보험을 유지하면서 연금저축보험에 가입하면 연간 총 372만 원(72만 원+300만 원)의 소득공제 혜택이 주어진다.

단, 연금저축보험의 소득공제금액은 근로자 퇴직급여 보장법에 따라 2007년부터는 연금저축 불입액과 근로자가 부담하는 퇴직연금 부담금의 합계액과 300만 원 중 적은 금액을 공제해준다(조세특례제한법 제86조의 2).

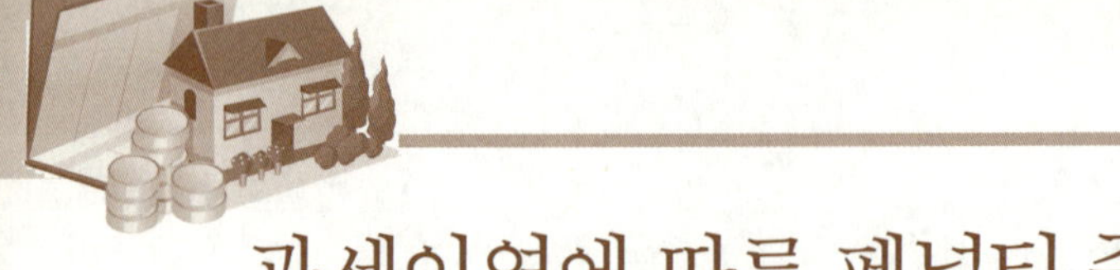

과세이연에 따른 페널티 주의

연금저축보험은 과세이연상품으로 페널티 주의

연금저축은 납입기간에는 소득공제를 통하여 과표에 따라 일정액의 세금을 환급받는 대신 연금수령 시에는 세금을 납입하는 과세이연(Tax Deferred)이 적용되는 소득공제 상품이다.

따라서 연금저축 가입 시 주의할 점은 세금혜택이 큰 만큼 반드시 지켜야 할 전제조건이 있으며 이를 어기면 일정한 페널티(Penalty)를 받게 된다는 것이다.

연금저축보험은 최소한 10년 이상 저축해야 하며 만 55세 이후 일시금이 아닌 5년 이상 연금으로 분할지급받는다는 기본조건을 반드시 지켜야 한다.

그렇지 않고 부득이한 사정 등으로 중도해지하거나 일시금으로 찾을 경우 해지수수료는 물론 기타 소득세가 부과되기 때문에 그동안 소득공제받은 액수보다 더 많은 세금을 부담할 수도 있다. 연금저축보험의 과세방식과 과세내용에 대해 알아보자.

5년 이내 중도해지 시 해지가산세 및 기타소득세 과세

연금저축보험에 가입한 후 부득이한 사정으로 중도에 해지하면 면제받은 세금을 물어내야 한다. 중도해지할 때는 이자소득세뿐만 아니라 소득공제받은 원금에 대해 22%(주민세 포함)의 기타소득세가 중과세되는 불이익을 당하게 된다.

특히 가입 후 5년 이내에 중도해지하면 추가로 연간 납입보험료의 2.2%에 해당하는 해지가산세를 물어야 한다.

특별한 중도해지 사유가 아닌 일반 해지일 경우 기타 소득세 22%, 5년 이내 해지 시 해지가산세 2%가 추가 부과되고, 주민세는 소득세의 10%를 적용하여 별도로 징수되므로 세제상 불이익이 많이 발생한다.

연금저축 세액추징 요건 및 과세방법

구분	실제 소득공제받은 금액 (연 300만 원)	연 300만 원 초과 납입금	비 고
이자부분	① 납입원금에 대한 이자	② 초과 납입금에 대한 이자	모든 연금저축 해당
납입원금 부분	③ 납입원금	④ 초과 납입금원금	상동
해약환급금 부분	⑤ 해지 시 환급금	–	상동

소득공제를 받은 자가 가입일부터 5년 이내에 해지할 경우 위 ③의 중도해지일까지 매년 저축불입액(300만 원 한도) 누계액에 대하여 2.2% 해지가산세 추가 부과(세금감면세액 추징).

단, ⑤의 계약 해지로 연금저축가입자가 받은 환급금이 ③보다 적을 경우 ⑤의 환급금에 대해 2.2% 해지가산세를 추징한다. 여기서 꼭 알아둘 사실은 해지가산세는 소득공제를 받지 않았더라도 추징된다는 점이다.

5년 이내에 해지하여 받은 일시해지금은 기타소득으로 과세함과 동시에 해지가산세를 추징하는데 이 경우 ①+②+③ 부분에 대해 기타소득으로 간주하여 22% 원천징수를 한다. 단, 다른 금융기관의 연금저축으로 계좌이체하는 경우는 중도해지로 간주하지 않는다.

5년 이후 해지기간에 관계없이 연금 수령 전 해지 시

연금저축의 가입자가 5년 이후 불입계약기간 만료 전에 해지하는 경우 기타소득으로 간주하여 22% 원천징수를 실시한다. 이 경우 기타소득으로 과세되는 금액은 원천징수 이행상황신고서의 기타소득란에 기재하여 납부해야 한다.

단, 중도해지 6개월 이내에 천재지변, 사망, 해외이주, 퇴직, 근무하는 사업장의 폐업, 3개월 이상 장기간의 입원치료 또는 요양을 요하는 상해 · 질병 발생 시, 연금저축 취급기관의 영업정지, 영업인 허가 취소, 해산결의, 파산신고 사유에 해당하는 경우 해지가산세 2%는 부과되지 않지만 기타소득세 20%는 동일하게 원천징수된다.

연금수령할 때도 연금소득에 과세 적용

연금저축보험은 가입 후 연금을 받을 때에도 과세된다. 연금소득세는 해마다 소득공제로 환급받은 금액이 아닌 소득공제받는 대상금액(연간 300만 원 한도)을 말한다.

따라서 연간 300만 원을 초과하는 납입금에 대해서는 소득공제를 받지 않으므로 원금에는 연금소득세가 부과되지 않지만 이자분에 대해서는 과세된다.

따라서 위 표의 ①+②+③ 부분에 대하여 연금소득으로 보아 연금수령액의 5.5%(주민세 0.5% 포함)를 원천징수한다.

그리고 불입계약만료 후 연금 이외의 형태, 즉 일시납으로 연금을 받을 경우에는 그 금액을 기타소득으로 간주하여 22%를 과세하므로(조세특례제한법 제86조의 2) 일시금으로 수령하지 말고 정기적으로 수령해야 이익이다.

이때 원천징수 이행상황신고서의 기타소득란에 기재하여 납부한다. 연금소득세 과세 추징제외사유는 ① 사망, 해외이주, 천재지변 ② 저축자의 퇴직 또는 저축자가 근무하는 사업장의 폐업 ③ 저축자가 3개월 이상의 입원치료 또는 요양을 요하는 상해·질병의 발생 ④ 저축기관의 영업정지, 영업인가·허가의 취소, 해산결의 또는 파산선고 등이다.

그러나 이 경우에도 해지가산세는 추징하지 않으나 연금 외의 형태로 받는 금액에 대한 기타소득세는 과세된다.

연간수령액 600만 원 초과하면 종합과세, 900만 원까지 연금소득공제

연금수령액은 연금저축보험의 가입분에 대한 수령액만으로 계산되는 것이 아니다. 일반연금보험 등 비과세 연금소득을 제외한 공적연금(국민연금, 공무원연금, 사립학교교원연금, 군인연금)과 사적연금(연금저축보험, 퇴직연금보험)을 모두 합하여 총연금액이 600만 원을 초과할 경우에는 종합소득세 신고 대상이 되어 연금소득세(5.5%, 원천징수세율)를 공제한 다음 다른 소득(이자소득, 배당소득, 근로소득, 사업소득, 부동산 소득, 기타 소득)과 합산하여 종합소득세를 납부한다. 종합과세 적용을 받게 되면 종합소득세율 과표구간 세율에 따라 과세가 적용된다.

연간 지급받는 총연금액이 600만 원 이하일 경우 분리과세를 선택하면 원천징수에 의해 납세의무가 종결된다(소득세법 제14조). 이 경우 공적연금은 연금지급기관에서 매월 연금을 지급할 때 연금소득 간이세액표에 근거하여 원천징수한 다음 익년 1월분 연금지급 시 연말정산을 한다.

사적연금은 연금지급기관에서 5.5%의 세율로 원천징수한 다음 익년 5월 종합소득세 신고 시 연금수령자가 직접 해야 한다.

연금수령액이 종합소득세 과세대상이 될 경우에는 900만 원까지 연금소득공제를 해준다(소득세법 제47조의 2). 즉 연금소득공제는 총연금액이 600만 원을 초과하여 종합소득과세 대상이 되었을 경우 연간 지급받는 총연금액에서 최대 900만 원까지 공제해준다는 것을 의미한다.

분리과세를 선택하면 종합소득세 신고대상이 아니므로 연금소득공제는 이루어지지 않는다. 따라서 총연금액이 600만 원 이하일 경우 분리과세를 선택하고, 900만 원 이상일 경우 종합소득세 신고를 하는 것이 바람직하다(참고로 연간 4,100만 원 이상의 연금을 받으면 연금소득공제 한도금액인 900만 원을 모두 공제받을 수 있다).

연간 총지급연금액별 연금소득공제액

총연금액(연간 수령금액)	연금소득 공제액(한도액 900만 원)
350만 원 이하	총연금액(전액 공제)
350만 원 초과~700만 원 이하	350만 원+350만 원을 초과하는 금액의 40%
700만 원 초과~1,400만 원 이하	490만 원+700만 원을 초과하는 금액의 20%
1,400만 원 초과~	630만 원+1,400만 원을 초과하는 금액의 10%

※ 다른 소득이 있을 경우 총연금소득액과 합산하여 종합소득금액으로 하고 기본공제, 추가공제 등의 종합소득공제를 차감한 종합소득과세표준에 기본세율(누진세율)을 적용하여 산출세액 결정

연금수령할 때 세액 계산 플로우(Flow)

① 총연금액(과세대상 연금소득) 산출 → ② 연금소득공제 금액 계산

→ ③ 연금소득금액 → ④ 종합소득공제 → 과세표준(연금소득금액+종합소득공제) → ⑤ 산출세액(과세표준×소득세 기본세율) → ⑥ 기납부세액 차감(원천징수세액, 단 가산세 제외) → ⑦ 차기감세액 결정('+' 인 경우 세금 추가징수, '-' 인 경우 세금환급)

■■■ 종합소득세 과세 시 소득 종류별 과세방법 및 적용기준
① 연금소득은 600만 원을 초과할 경우 ② 이자와 배당소득은 합산소득이 4,000만 원을 초과할 경우 ③ 근로소득과 사업소득 및 임대소득은 무조건 종합과세하고 ④ 기타소득의 경우 300만 원을 초과할 경우 종합과세를 한다.
이는 현재 시점에서의 과세 종류별 적용기준이므로 나중에 연금을 수령할 때 세율과는 다를 수 있다. 연금소득공제금액 또한 변경될 수 있다(현재 적용 연금소득 공제한도 900만 원은 2006년부터 변경 시행. 그 이전은 600만 원이었음).

연금보험으로
상속세 절감효과 노려라

연금보험의 가장 큰 장점은 상속세 절감효과

자금거래가 투명해지고 있는데 상속세나 증여세를 법망의 테두리에서 가장 효율적·효과적으로 절세하는 방법은 무엇일까? 바로 연금보험으로 해결하는 것이다. 상속재산이나 증여재산의 평가를 합법적으로 낮추는 방법은 상속세 및 증여세법 시행령 제62조(정기금을 받을 권리의 평가)를 이용하는 것이다.

일시금을 은행에 예치하거나 자녀에게 증여하거나 상속하는 것보다 연금보험에 가입해 해마다 연금을 받을 수 있는 권리를 주는 것이 훨씬 효과적이다. 매월 연금을 수령하여 생활비나 다른 용도로 활용하다가 사망 시 남은 돈을 자녀에게 물려주면 세금을 많이 줄일 수 있다.

연금보험 가입자인 부모가 사망하더라도 피보험자인 자녀가 살아 있기 때문에 보험은 소멸되지 않고 계약자와 수익자를 자녀로 변경함으로써 자녀가 살아 있는 동안 연금을 받게 된다.

이때 정기금(연금)을 받을 권리가 상속되었으므로 그 가치를 평가해 상속세를 내야 하는데 연금보험에 가입하면 과세표준액이 낮아져 그만큼 절세효과가 높아진다(상속세와 증여세는 5단계 누진세 방식이므로 재산(상속가액)이 많으면 세금도 기하급수적으로 늘어나는 구조로 되어 있다).

은행예금과 연금보험 가입 시 상속세 차이는 매우 크다

20억 원을 은행에 예금하는 경우와 보험회사의 연금보험(20년 보증 지급 종신정기금 연금)에 가입하는 경우 상속세 차이가 얼마나 날까?

본인이 가입하고 나서 5년 뒤 사망했다고 가정해보자. 은행에 예치하고 나서 사망하면 상속세에 대한 금융재산상속공제로 10억 원 초과의 경우 상속금액에서 2억 원을 공제하므로 20억 원에 대한 상속세 공제금액 2억 원을 제외한 18억 원이 상속재산으로 평가된다.

그러나 연금보험에 가입한 후(보험계약자와 수익자는 본인, 피보험자는 자녀 명의) 사망하면 본인이 매년 연금을 6,000만 원(월 500만 원) 받는 조건이었을 때 20년 보증지급이므로 상속재산에 포함되는 연금가액은 피보험자가 75세 될 때까지 받을 연금의 현가합계액이다.

만약 자녀인 피보험자 나이가 가입 당시 50세였다면 부모 사망시점에서는 55세가 되므로 55세부터 75세까지 20년 동안 받는 연금액 12억 원(매월 500만 원×12개월×20년)을 현재의 나이(55세)로 현가계산하여 할인된 금액을 상속재산으로 간주한다.

따라서 할인된 금액만큼 상속세 과세표준액이 줄어들게 되어 상속세가 줄어드는 것이다. 그러나 현금 20억 원을 예금으로 상속한다면 상속재산평가액이 20억 원으로 되어 상속세 과세대상이 된다.

정기금의 3가지 종류와 차이점

상속세법에서는 상속인의 사망으로 피상속인이 매월 정기적으로 받는 돈(이를 법률용어로 정기금이라 함. 연금도 포함)에 대해 크게 ① 유기정기금(definite annuity) ② 무기정기금(indefinite annuity) ③ 종신정기금(life annuity) 등 3가지로 분류하여 그에 따라 정기금을 받을 권리를 평가한 다음 상속세 과세대상 금액을 산출한다.

① 유기정기금은 일정한 기간 정기적으로 받는 돈을 말한다.

  ※ 유기정기금 평가액=각 연도에 받을 정기금액/{1+국세청고시이율

  (6.5%)}^{n}

  (n : 평가기준일(상속일)부터의 경과연수)

② 무기정기금은 기간이 정해져 있지 않고 받는 돈, 즉 정기금 급부
   사유가 발생한 이후 장래 무기한 정기적으로 금전 기타 물건을 받
   게 되는 권리를 말한다. 이러한 무기정기금은 1년분 정기금액의
   20배에 상당하는 금액으로 평가하는데 실무적으로 무기정기금에
   해당하는 금융상품은 현재 존재하지 않는다.

③ 종신정기금은 평생 받는 돈을 말한다. 연금보험에 가입한 이후 제
   2보험기간에 받는 연금으로 치면 확정연금형은 유기정기금이고
   종신연금형은 종신정기금이다.

연금보험일 경우 상속인이 사망하여 정기적으로 연금을 받을 권리
의 평가, 즉 앞으로 지급되는 연금액에 대한 상속세 문제는 확정형 연
금이냐 종신형 연금이냐에 따라 상속재산 평가방식에 약간 차이가 있
다. 확정형 연금은 1년분 정기금액의 20배 이하 범위에서 잔존기간에
각 연도에 받을 정기금액을 기준으로 재정경제부령이 정하는 바에 따
라 계산한 금액의 합계액을 기준으로 상속재산가액을 평가한다. 종신
형 연금은 보험수익자(상속인)가 75세까지의 기간 중 각 연도에 받을

정기금액을 기준으로 재정경제부령이 정하는 바에 따라 계산한 금액
의 합계액을 기준으로 상속재산가액을 평가한다.

종신보험과 연금보험의 보험금 상속부과 차이

종신보험은 피보험자가 사망함으로써 확정된 보험금이 현금으로 수
익자에게 지급되므로 상속세 및 증여세법상 평가를 할 필요 없이 전액
을 간주상속재산으로 보아 상속세를 부과한다.

그러나 연금보험의 경우 연금 개시 후 만기수익자가 사망하고 보험
계약에 따라 연금수령 잔존기간이 남아 있는 때는 연금수령권을 상증
법상 정기금을 받을 권리의 평가방법으로 평가해 보험금 상속재산으
로 간주한다.

보험계약자와 수익자가 불일치하여 연금개시 시점을 증여로 보아
증여세를 부과하는 경우 연금지급기간에 받을 수 있는 연금총액을 상
증법상 정기금을 받을 권리의 평가방법으로 평가해 보험금 증여의제
로 간주한다. 연금보험은 연금지급 기간에 따라 유기 · 무기 · 종신정
기금으로 구분해 각각 평가방법을 달리하고 있다.

■■■ 보험금에 대한 현가계산은 국세청장 고시이자율로 계상

연금액을 현재가치로 평가하기 위한 시장이자율(현가계산)은 국세청장이 고시하는 이율로 한다. 국세청장 고시이자율은 1995년 4월 최초로 이자율을 정해 고시한 후 시중은행 정기예금이자율의 변동에 따라 정기예금이자율 평균을 기준으로 하여 개정·고시하고 있다.

국세청장이 고시하는 이자율이 높으면 높을수록 상속과세 대상은 그만큼 더 줄어들게 된다. 현재 국세청장 고시이자율(순손익가치환원율)이나 정기금평가는 실제 상속이 일어나는 시점의 세법에 따라 결정되기 때문에 할인율은 변동될 수 있다.

따라서 할인율이 시중금리와 얼마만큼 차이를 보이냐에 따라 그 효과는 달라지기 때문에 전문 컨설턴트를 통해 정확하게 계산해보아야 실익 여부를 알 수 있다.

조건 되면 생계형 비과세저축보험에
꼭 가입하라

생계형 비과세저축보험은 1인당 저축원금이 3,000만 원 이하에서 발생하는 이자소득세에 대해 전액 비과세혜택이 주어진다. 1년 미만으로 가입하거나 중도해지해도 비과세혜택이 있다.

만약 원금 3,000만 원을 생계형저축보험에 만기 3년짜리 상품으로 가입했다고 하자. 연수익률이 5%라고 한다면 3년 후 세전수익은 472만 8,750원이 될 것이다.

이를 일반예금에 예치하면 이자소득세율 15.4%(72만 8,228원)를 차감한 금액인 400만 522원을 지급한다. 그러나 생계형 저축보험은 세전수익금액 472만 8,750원을 모두 지급해준다. 즉 은행에 일반예금으로 예치한 것보다 72만 8,228원을 더 버는 셈이다. 이것이 바로 현명한 보험재테크다.

　가입대상은 장애인과 상이용사자, 생활보호대상자, 만 60세 이상 고령자, 독립유공자 등이다.

단체보험과 퇴직연금보험 세제혜택

회사와 근로자 모두에게 이로운 단체보험 세제혜택

근로자의 업무상 우발적인 사망이나 상해 또는 질병을 사전에 대비하기 위해 가입하는 단체보장성보험을 회사(기업 또는 단체)에서 근로자를 피보험자와 수익자로 하여 가입하면 회사가 부담한 납입보험료에 대해서는 복리후생비 명목의 손비 인정(손금처리, 법인이 거래과정에서 사업을 영위하는 데 들어가는 비용으로 세법상 세금을 내는 소득에서 제외됨을 말함)으로 비과세혜택을 본다.

또 근로자는 근로소득으로 간주되지 않아 비과세혜택을 보는 이점이 있다. 이 경우 회사와 근로자가 받을 수 있는 비과세 한도는 1인당 연간 70만 원이다.

단, 70만 원을 초과하는 보험료에 대해서는 회사가 복리후생비 명목으로 급여로 처리하면 손비 인정은 가능하여 소득세를 부담하지 않지만 근로자는 초과되는 보험료에 대해서는 근로소득세(급여로 처리하여 갑근세 원천징수)를 내야 한다.

이와 같이 회사가 단체보장성보험에 가입하면 법인세와 근로소득세 절세효과뿐만 아니라 기업경영의 위험분산 효과와 종업원의 심리적 안정에 따른 생산성 제고 효과도 발생하므로 일석삼조다. 단, 순수 단체보장성보험이 아닌 만기환급부보험이나 중도해지 시의 보험금은 세제혜택이 주어지지 않고 본인의 근로소득으로 간주해 과세하므로 유의해야 한다.

퇴직연금의 과세체계와 세제혜택

근로자가 퇴직연금(DC형)에 불입하는 보험료 부담금은 기존의 연금저축 불입금과 합산해 연간 300만 원 한도로 소득공제를 받을 수 있다. 퇴직연금은 기본적으로 불입단계와 운용단계에서는 비과세(Exempted)하였다가 수령 시 과세(Taxed)하는 EET체계를 취한다. 퇴직연금을 근로자가 순수한 연금형태로 받으면 연금소득세를 부과하고, 일시금으로 받으면 퇴직소득세를 부과한다. 연금으로 수령할 때는 5.5%(주민세 포함)의 세율로 원천징수한 후 분류과세한다.

이때 종합소득과 공적연금, 사적연금 등 연금수령액과 합산한 총연금액이 600만 원 이하일 경우에는 분리하여 종합과세한다. 즉 퇴직소득은 산림소득이나 양도소득과 같이 종합소득에 포함되지 않으므로 연금과세를 할 경우에는 종합소득과 분리하여 별도 세액계산(분류과세)한다. 분류과세 적용 이후의 연금소득공제금액과 연금수령 시 세액 계산 플로(Flow)는 연금저축보험 과세제도와 동일하다.

퇴직연금을 일시금으로 수령할 경우에는 퇴직소득으로 분류과세한다. 따라서 퇴직소득금액에 대해 정률공제(45% 소득공제)와 근속연수공제를 차감한 금액을 퇴직소득과세 표준으로 한 다음 이에 연분연승법(과세표준을 근속연수로 나눈 금액에 종합소득의 해당구간 세율을 적용하여 계산한 금액에 근속연수를 곱한 금액)을 적용해 최종적으로 퇴직소득 산출세액을 정하여 과세한다.

퇴직연금 가입 후 퇴사 시점에 일시금으로 수령하지 않고 개인퇴직계좌(IRA, Individual Retirement Account)에 전액 예치할 경우 퇴직소득세가 이연되는 과세이연효과가 있으므로 이를 잘 활용할 필요가 있다. 예를 들어 퇴직금으로 1억 원을 받았을 경우 IRA는 퇴직소득세가

퇴직연금 상품 종류별 세제혜택

구 분	확정급여형(DB형)	확정기여형(DC형)	개인퇴직계좌(IRA)	비 고
보험료 납입 시 세제혜택 여부	종업원 : 별도 지원 없음 기업 : 기존 퇴직보험료와 동일한 기준으로 손금산입(①)	종업원 : 개인부담 보험료 중 연간 300만 원까지 소득공제(단, 연금저축보험과 합산 적용) 기업 : 전액 손비 인정	없음	기업은 이자수익 비과세 적용(단, 추후 종업원의 퇴직소득에 합산과세)
퇴직금 수령 시 과세 여부	일시금 수령 시(②) : 퇴직소득 과세(분류과세) 연금수령 시 : 연금소득 과세(연간 600만 원 이상 시 종합과세), 연금소득공제(연간 900만 원 한도)			

※ 주
  ① : 손금산입한도=(퇴직금 추계액−퇴직급여충당금 누계액)에 상당하는 보험금에 대한 보험료
  ② : 퇴직연금 일시금 수령 시 이에 대한 기본소득공제는 45%(정률공제) 적용

바로 부과되지 않아 1억 원 전액이 운용되고, 55세 이상이 되면 연금 형태로 수령할 수 있는데 이때 퇴직소득세율(5.5%)만 부과된다.

4장

노후 위한 연금테크 비법

우리 생에서 행복은 일 년을 마무리할 때 연초의 자신보다 더 나아졌다고 느끼는 것이다. 그리고 최상의 행복은 인생을 마무리할 때 자신이 계획한 대로 노후가 행복했다고 느끼는 것이다.

—톨스토이(Tolstoi, Lev Nikolaevich)

노후자금마련 위한 7가지 절대원칙

노후 자화상은 스크랩 인생

러시아의 대문호 톨스토이는 단편소설에서 '자식은 부모에게 3가지 즐거움을 안겨준다.

첫째, 부모가 젊었을 때는 재롱을 피워주고, 둘째, 늙었을 때는 부양을 해주고, 셋째, 죽어서는 제사를 지내준다' 라고 했다. 그러나 세상이 변하여 그가 말한 인생의 3가지 즐거움을 부모에게 모두 주는 자식은 별로 없다.

특히 앞으로는 더욱 그렇다. 부모에게 줄 수 있는 3가지 즐거움 중한 가지는 점점 자식이 못해주는 상황으로 가고 있는데 바로 부모가 늙었을 때 부양문제다.

예전과 같이 노후가 무조건 붙박이 자식책임주의로 간다면 오죽 좋을까마는 앞으로 노후는 자신이 전적으로 책임지고 살아가야 하는 세상으로 바뀌고 있다.

그래서 오래 사는 것이 기쁨이요 축복이 아니라 당장 생활에 필요한 자금을 마련하는 것이 더 시급히 다가온다. 늘 돈 걱정하며 기나긴 고통 속에 노후를 보낼 개연성이 도사리고 있는 것이 요즘 젊은 세대들이 안고 있는 노후의 자화상이다.

노후가 신바람 나는 실버인생(Silver Life)이나 럭셔리한 골드인생(Gold Life)이 되기는커녕 자칫 고통의 연속인 스크랩 인생(Scrap Life)이 될 수도 있다. 고령화에 따른 장수위험(Longevity Risk)이 이젠 현실이 되었다.

연금보험 노테크는 샌드위치세대에게 필수

30~40대 젊은 세대를 일컬어 샌드위치세대라고 한다. 늙은 부모를 봉양하는 마지막 세대이자 자식에게서 떨어져 나와 노후를 스스로 책임지며 살아가야 할 첫 세대이기 때문에 붙여진 서글픈 별칭이다. 그

만큼 사회적 · 경제적 · 문화적 여건이 해를 거듭할수록 자기책임주의로 바뀌어가고 있음을 의미한다.

누구나 언젠가는 반드시 맞이해야 할 노후를 가족에게 의지하지 않고 자립하여 보내려면 노후생활에 필요한 자금을 지금부터 준비하지 않으면 안 된다. 하루 빨리 자구책을 강구해야 한다.

젊은 시절, 가정 형성기부터 자녀교육과 결혼 등에서 최선은 다하되 자기 인생을 위해서, 장수시대 노후를 위해서 아낌없이 희생하면서 평생토록 연금이 지급되는 연금보험으로 은퇴자산의 종자돈을 갈무리하려는 슬기로운 지혜가 필요한 시점이다.

나 자신을 위해, 행복한 노후를 위해 투자하려는 노테크(老-Tech) 패러다임이 이루어져야 한다.

노후자금 마련하는 7가지 절대원칙

평균수명이 길어지면서 노후는 삶을 아름답게 마무리하는 멋진 여생이 아닌 잘 준비하고 맞아야 할 제2의 인생이 되었다. 돈 걱정 없는 노후를 위한 은퇴자금 마련방법은 주택구입자금이나 자녀 결혼 · 교육자금 등의 목돈마련 방법과는 근본적으로 달라야 한다.

노후자금은 은퇴 이후 소득이 없는 골드에이지(Gold Age) 기간 내내 주수입원 노릇을 하는 유일한 소득원천이기 때문에 매월 일정금액을 정기적으로 종신토록 받을 수 있는 연금상품을 선택해 가입해야만 은퇴설계가 차질 없이 이루어질 수 있다.

노후를 대비해 가입하는 연금은 은퇴한 후 수령할 최장기상품이므로 반드시 '은퇴자산마련의 3원칙'인 환금성, 안정성, 수익성을 동시에 고려해야 한다.

특히 연금을 언제까지 지급해주는지가 매우 중요하다. 노후를 행복하게 보내기 위해 준비하는 노후생활자금은 최소한 아래 제시하는 7가지 절대원칙에 부합해야만 알차게 마련할 수 있다.

행복한 노후자금을 마련하는 7가지 절대원칙

1. 반드시 평생 월급형식으로 나와야 한다. 일시금으로 나오면 자칫 자녀의 사업자금 등으로 이용되므로 연금 구실을 못한다.
2. 비밀이 확실히 보장되어야 한다. 비밀보장이 안 되면 나만의 은퇴자산이 되기 힘들다.
3. 종신보장이 이루어져야 한다. 장수시대 연금이 평생토록 지급되는 것은 노테크의 기본이다.

4. 매월 일정금액이 랠리현상(Rally Status)을 보이며 지급되어야 한다. 연금지급금액이 굴곡이 있으면 곤란하다. 반드시 조금씩 상향 조정되어야 한다.

5. 아플 경우에도 보장혜택이 주어져야 한다. 노후자금은 현금성과 보장성이 동반되어야 한다. 노후에는 몸이 쇠약해 병원신세 질 날이 많다.

6. 목돈을 직접 관리하지 말고 안전한 금융기관에 예치해놓아야 한다. 연금운용능력이 있는 보험회사는 가장 적합한 장기금융기관이다.

7. 물가상승률을 커버해 연금의 미래가치가 높아지도록 만들어야 한다. 시드머니의 미래가치가 높게 나오는 변액연금보험은 노테크 파이를 더욱 키워준다,

위에 열거한 노후자금 마련을 위한 7가지 절대원칙이 모두 충족되어야만 은퇴 후 받는 연금액으로 노후를 행복하게 보낼 수 있다. 따라서 반드시 7가지 절대 원칙에 입각해 조건에 가장 부합하는 연금상품을 선택해야만 연금 노테크가 완성될 수 있는데 그에 가장 적합한 상품이 바로 연금보험이다.

인플레를 커버하면서 시드머니의 미래가치를 올리는 문제는 연금보

험상품 중 펀드로 운용되는 실적배당형상품인 변액연금보험으로 해결할 수 있다.

연금보험은 우리에게 반드시 다가오는 노후를 황혼기가 아닌 황금기로 바꾸는 데 가장 적합한 노테크 상품이다.

가장 안정적인 비과세연금보험

연금상품 중 유일하게 비과세되는 상품

공시이율(변동금리)을 적용하는 연금보험은 절약된 세금만큼 이자수익을 제한 없이 누릴 수 있는 연금테크상품이다. 연금보험은 저축성보험의 성격을 띠어 운용 폭이 매우 넓다. 세제 비적격상품이라 소득공제혜택은 주어지지 않지만 보험차익, 즉 이자소득세에 완전 비과세혜택이 주어진다(소득세법 시행령 제25조).

가입 이후 10년이 경과하든지 또는 그 이후 일정 시점에서 연금을 수령할 경우 비과세가 적용되는 유일한 연금상품이다. 즉 비과세 면제기간인 10년 이상의 유지기간이 지난 다음에는 가입자가 적립금을 연금 형태로 받든지 일시금으로 받든지 간에 모두 비과세혜택이 유지되는 완전 비과세상품이다.

은퇴자산을 마련하기 위해 금융상품에 가입할 경우 이자소득세에 대한 15.4%의 원천징수는 목돈마련에서 매우 큰 걸림돌로 작용한다. 그런데 연금보험에 가입한 후 10년 이상 유지하면 계약이 만기되었거나 중도해지 시 발생하는 이자소득에 대해 한 푼도 원천징수되지 않고 전액 비과세혜택이 주어진다.

은행적금과 연금보험에 동시에 가입한 후 10년 이상 유지했다고 가정하자. 투자 실수익률이 모두 동일하고 이익이 2,000만 원이 발생하였다면 해지 시 연금보험은 2,000만 원의 이자를 한 푼도 공제하지 않고 다 돌려주지만 은행적금은 308만 원을 원천징수 금액으로 환수한 다음 1,692만 원만 환급해준다. 이 차이는 발생된 이자가 많을수록 더 커진다.

전통형 연금보험의 7가지 장점

1. 보험료 소득공제혜택은 없는 대신 중도해약 시 가산세 추징 등 불이익이 없다.
2. 보험료 납입한도가 거의 없어 불입금을 자유롭게 설정할 수 있다.

3. 일정기간이 지나면 언제든지 찾아서 맘대로 쓸 수 있다.

4. 10년 이상 유지할 경우 이자소득세가 면제된다.

5. 연금수령 시에는 연금소득세가 한 푼도 붙지 않는다.

6. 가입조건이 까다롭지 않아서 누구나 가입할 수 있다.

7. 연금수령이 45세부터 가능하여 인생의 5대 자금(가족생활자금, 자녀의 교육과 결혼자금, 노후생활자금, 주택마련자금, 긴급예비자금 등) 설계가 가능하다.

제도적으로 안전장치가 마련된 상품

10년 이상 유지할 경우 연금이자에 세금을 한 푼도 매기지 않는다. 이에 따라 은퇴 이후 수령하는 연금액에 대해서도 연금소득세가 없다. 연금저축은 소득공제를 받는 대신 과세이연에 따라 연금소득세가 붙지만 연금보험은 연금소득세가 붙지 않는다. 또 소득공제혜택이 없으므로 10년 후 언제든지 일시금으로 수령할 수 있다.

연금저축은 제도적으로 일시금으로 수령할 수 없도록 장치를 만들어놓았다. 연금보험은 완전비과세 상품이지만 반드시 10년 이상 유지해야만 비과세가 주어진다는 전제조건이 붙는다. 따라서 가입 이후 10

년 이내에는 중도해지를 하지 말아야 한다.

저소득자는 연금저축보다 일반연금보험 가입

연금저축의 소득공제제도는 고소득자에게 훨씬 유리한 제도다. 소득공제를 해준다는 것은 그에 해당하는 금액을 고스란히 돌려준다는 의미가 아니라 연간 발생한 소득 중에서 소득공제금액을 공제해준다는 뜻이다.

즉 개인연금저축에 가입하여 연간 최대 300만 원까지 소득공제를 받는다고 할 때 이 300만 원을 연말정산 또는 사업소득 신고 시 돌려준다는 것이 아니라 연간 발생한 소득 중에서 300만 원은 소득으로 인정하지 않고 과세대상에서 제외해주기 때문에 그 금액만큼 세금을 줄여준다는 뜻이다. 그리고 소득공제 대상 소득은 연봉이 아니라 과표기준이다.

따라서 개개인의 소득 수준에 따라 똑같은 금액을 소득공제받더라도 과표가 다르면 실질적으로 줄어드는 세금의 크기는 매우 달라진다.

예를 들어 연금저축보험에 매월 25만 원씩 불입하였는데 과세표준금액이 1,000만 원이라면 소득공제로 인한 세금경감액은 19만 8,000

개인연금 형태별 상품 비교·분석

구 분	연금저축		일반연금보험	변액연금보험
	보험권	은행권		
상품 성격	원리금보장형	실적배당형	원리금보장형	실적배당형
가입 대상	만 18세 이상		만 15세 이상	
취급 기관	보험, 우체국, 농협 등	은행, 투신, 농협, 새마을금고 등 전 금융권	보험사(기타 방카슈랑스, 홈슈랑스, 인슈랑스 기관)	
납입보험료 규모	월 100만 원, 분기 통산 300만 원 이체 가능		자유납입(회사별 규모 설정, 판매)	
납입기간	최소 10년		5년 이상 가입자 자유	10년 이상 불입
적립금 운용방법	공시이율(변동금리) 적용		공시이율 (변동금리) 적용	펀드운용
가입 적격자	사업소득 발생자		평생연금수급 또는 고액설계자	장기 재테크자
소득공제 여부	연 납입액의 100% 전액 소득공제 (단, 300만 원 한도 내에서)		없음	
중도해지 시 과세 여부	가입 후 5년 이내 해지 시 누계액의 2.2% 해지가산세 및 기타소득 22% 원천징수(5년 이후 연금수령 전 해약 시 이자소득세 및 기타소득세 22% 과세)		10년 이내 해약 시 이자소득세 전액 과세(최초 납입일부터 10년 경과 전 연금형태로 분할하여 확정연금 수령 시 과세)	
연금수령 시기	55세 이후 연단위		45세 이후 본인 선택 시점부터	
연금수령 시 과세 여부	연금소득세 부과 후 종합과세		10년 이상 납입 시 보험차익 비과세	
연금지급방식	확정형, 상속형, 종신형	확정형 (중도 연장 가능)	확정(기간)형, 상속형, 종신형	
예금자보호 여부	○	○(단, 투자신탁 상품 제외)	○	× (특약부분만 보호)
원금보장 보증이율	약 2~3%	은행은 0%, 투자신탁은 손실가능	약 2~3%	투자리스크 상존
취약점	1. 연금을 매년 수령해야 함(일시납으로 수령 시 22%의 기타소득세 중과세) 2. 중도해지 시 불이익(이자소득세, 기타소득세 추징) 3. 계약자와 수익자 반드시 동일(자녀 명의 증여 불가능)		반드시 10년 이상 납입해야 이자소득세 비과세 중도해약 시 해약환급금이 적음 리스크 발생 시 모든 책임은 가입자에게 귀속	

원이다.

  그런데 과세표준금액이 5,000만 원이라면 세금경감액은 79만 2,000원이나 된다. 과세표준금액이 9,000만 원 이상인 고소득자는 115만 5,000원을 환급받는다. 이와 같이 고소득자는 절세효과가 매우 크지만 저소득자는 절세효과가 상대적으로 작다.

펀드로 운용하는 변액연금보험

보장자산과 연금자산 증가시키는 변액연금보험

저금리 장수시대에는 정액보험만 가지고 재테크와 노(老)테크, 생활
보장테크를 모두 함께하는 보험테크를 실현할 수 없다. 시드머니의 미
래가치가 점점 더 커지는 변액보험에 가입해야 더 튼실한 결실을 거둘
수 있다.

정액보험상품의 자산은 채권과 MMF, 대출 등의 직접투자로 이뤄지
기 때문이다. 이들 상품의 보험사 자산운용실적은 평균적으로 은행 정
기예금 금리를 약간 상회하는 수준에서 맴돈다.

이에 반해 변액보험은 주식과 파생상품, 실물자산 등에 펀드를 통해

간접투자로 매우 다양하게 하므로 적정 기대수익(Anticipate Benefits)
이 시장수익률을 상회하는 형태로 시현된다. 보험은 보장자산을 목적
으로 가입하든 연금자산을 목적으로 가입하든 모두 장기상품이므로
채권과 대출로 자산을 장기간 운용해서는 시장금리를 상회하는 수익
을 올리기 힘들다.

우리나라 경제 펀더멘털(Fundamental)을 고려해볼 때 펀드를 통한
10년 이상 장기투자는 정액보험보다 더 높은 수익을 가져다줄 것으로
여겨지므로 보장자산과 연금자산을 조금이라도 더 증가시키기 위해서
는 변액보험상품 중 가장 적합한 상품을 골라 가입하는 것이 바람직한
보험테크 전략이다.

미래가치에 대해 안심할 수 있게 해준다

변액연금보험은 일반연금보험의 성격에 펀드 투자로 인한 수익성을
갖춘 실적배당형 간접투자상품이다. 은퇴 후 연금을 수령하도록 변액
보험에 연금설계 기능을 추가한 것이므로 보험회사의 자산운용실적에
따라 연금 지급액이 달라진다.

보험회사가 계약자의 보험료를 받아 특별계정과 일반계정으로 구분

한 다음 특별계정 부분, 즉 펀드를 주식이나 채권에 투자한 뒤 여기서 생긴 수익을 고객에게 돌려주는 실적배당형이므로 시황이 좋을 때에는 기대 이상의 수익을 얻을 수 있다.

또 보험회사들이 원금을 보장해주기 때문에 운용실적이 마이너스로 떨어지더라도 손해를 보는 일은 없다. 한마디로 변액연금보험은 보험회사의 전통형 연금보험의 장점에 고수익성이라는 재테크 기능이 추가된 저축과 투자, 보장, 연금기능을 두루 갖춘 재테크 상품이다.

특히 일반연금보험의 경우 미래에 지급되는 연금이 물가상승에 대한 헤지가 불가능하여 연금의 가치를 하락시킬 우려가 있지만 실적배당형인 변액연금보험은 연금의 미래가치 보전과 상승효과를 가져다주므로 연금파이를 키워나가는 데 안성맞춤이다.

다만 중도해약하는 경우 해약 시점의 운용수익이 좋지 못하면 그때까지 불입한 보험료를 찾지 못할 수도 있으므로 주의한다. 또 투자리스크가 가입자에게 귀속되고 펀드 운용을 잘못할 경우 원금이 손실될 수 있는 실적배당형 상품이라는 점을 명심한다(적립금을 공격적인 성향으로 운용하는 적립식펀드와 달리 변액연금보험은 가입자의 연금자산을 안정적으로 확보하기 위해 보수적인 'Middle Risk Middle Return' 형식으로 운용하므로 똑같은 펀드로 운용되는 간접투자상품이라 해도 상대적으로 안전하다고 할 수 있다).

최저연금적립금 보장제도는 변액연금보험만의 매력

변액연금보험은 투자수익률이 아무리 하락해도 연금적립금액을 보증해준다. 변액연금보험에 가입하면 연금전환시점에서 기납입보험료 중 주계약부분에 해당하는 금액 전부를 보전해주는 최저연금적립금보장제도(GMAB, Guaranteed Minimum Annuity Benefit)가 있으므로 투자수익률 하락에 따른 리스크를 얼마든지 커버할 수 있다.

투자실적이 악화되어도 가입자가 낸 보험료를 노후생활자금의 안전을 보장하기 위해 보전해준다는 것은 매우 큰 장점이다. 즉 보장은 보장대로 다 받고 10년 이후에 투자수익률이 악화된다 해도 원금은 모두 돌려받을 수 있으므로 연금노테크 상품으로 손색이 없다(최저지급보증(GMWB)이란 운용경과에 관계없이 약정한 기간이 도래할 경우 약관에 정한 최저금액을 보증함을 의미한다. 따라서 최저연금지급보증기간이 반드시 지나야 한다. 최저연금적립금(GMAB)은 연금지급 개시 시점에서 펀드운용 결과와 상관없이 회사가 보장하는 최저한도의 계약자 적립금을 말한다).

최근에는 계약자 적립금을 특별계정으로 펀드에 운용하는 기간이 연금개시 이후 초기보증연금 지급기간인 10년까지로 확대되는 상품도 출시되었는데 평생연금으로 전환될 계약자 적립금의 규모를 키울 수 있다는 점에서 장기투자로 연금자산의 파이를 키우려는 사람들에게 적합한 상품이다. 기존의 변액연금보험 상품은 노후생활자금의 안전성 확보 차원에서 펀드운용으로 자칫 적립금액에 손실이 발생할 우려를 고려하여 펀드운용기간을 제1보험기간인 연금개시 이전으로 제한하고 있다.

노테크뿐만 아니라 다목적 상품으로도 활용 가능

변액연금보험은 비과세혜택과 더불어 적립금액을 자유로이 인출해도 과세적용이 되지 않는다는 장점이 있다. 연금저축의 경우 일단 가입하고 나면 중도에 자금인출이 불가능하다. 그러나 변액연금보험은 필요할 경우 일정기간만 경과하면 언제든지 중도인출이 가능하다.

소득세법 시행령(제25조)에서는 저축성보험의 보험차익 요건에 대해 보험계약에 따라 최초로 보험료를 납입한 날부터 만기일 또는 중도해지일까지의 기간이 10년 미만일 것이라고 규정하고 있다. 또 최초 납입일부터 만기일 또는 중도해지일까지의 기간은 10년 이상이지만 최초 납입일부터 10년이 경과하기 전에 납입한 보험료를 확정된 기간 연금형태로 분할하여 지급받는 경우를 포함한다고 규정되어 있다.

변액연금보험에 가입한 후 계약일부터 10년 이전에 10년 또는 20년 확정연금을 받는 경우는 물론 가입한 지 10년이 되기 전에 중도인출해도 비과세가 적용된다. 그만큼 자금을 효율적으로 중도인출하여 활용할 수 있으므로 적립금액에 대한 활용 폭이 커 노테크뿐만 아니라 유동성 확보가 필요할 때 변액연금보험 가입효과는 더욱 크게 나타날 것이다.

변동성이 많으므로 신중히 선택

변액연금보험은 정부의 예금자보호대상에서 제외되고 펀드변동성에 따른 투자리스크가 상존하는 상품이므로 펀드 종목 선택 시 신중을 기하면서 우량보험사와 펀드운용능력이 있는 자산운용사를 잘 선별해 가입하는 것이 중요하다.

가입 시 유념해야 할 사항은 변액보험은 다른 연금보험과 달리 가입한 이후 펀드기준가 변동성 여부에 따라 매일 운용실적이 변하므로 펀드수익률을 지속적으로 관리하면서 펀드변경 등 자산운용옵션 기능을 활용해 펀드포트폴리오 리밸런싱을 조화롭게 추진해나가야 변동성을 어느 정도 상쇄하면서 원하는 수익률을 얻을 수 있다.

그런데 전문가가 아닌 일반인들이 자산운용옵션을 활용하여 펀드변경과 펀드포트폴리오 리밸런싱을 효과적으로 추진하기에는 많은 어려움이 따른다. 따라서 이를 내 일처럼 연금테크 가입 취지에 맞게 지속적으로 인생 동반자 역할을 해나가면서 잘 컨설팅해주고 관리해줄 수 있는 유능한 보험컨설턴트를 잘 만나는 것도 상품 가입 못지않게 중요하다는 사실을 유념한다.

보험테크 TIP

▮▮▮ 변액연금보험을 연금으로 전환할 때 거치기간을 두는 이유

변액연금보험에서 연금으로 전환할 때 5년 이상 거치기간을 두는데 그 이유는 만기(보험료 납입기간)가 있어 연금개시 이전에 적립금액을 더 많이 불려주기 위해서다. 거치시점에서 가입자의 보험료 납입은 중지되고 특별계정에 있던 적립금액은 연금시기까지 그대로 특별계정에 남아 거치식 펀드로 운용된다. 그 이전에는 적립식펀드였지만 거치기간에는 거치식펀드가 되는 것이다.

변액유니버설보험은 만기가 없는 상품이고 연금전환 시 연금전환특약형태로 운용되기 때문에 거치기간 없이 곧바로 연금전환이 가능하다. 거치기간에는 해약할 수 있지만 일단 연금개시 후 연금을 받게 되면 노후연금의 기본 개념 보존차원에서 해약은 거의 불가능하다. 연금을 매월 월급처럼 받는다는 것은 노후생활연금의 절대조건을 충족하는 것이므로 연금테크 상품으로는 안성맞춤이라 할 수 있다.

계약이전 가능한 연금저축보험

소득공제와 계약이전은 연금저축보험만의 매력

연금저축보험의 매력은 소득공제효과가 매우 큰 상품이라는 점과 다른 금융기관과 계약이전 혜택 적용제도가 있다는 점이다. 즉 수익률이 저조하게 나타날 경우 언제든지 다른 금융기관의 상품으로 계약이전이 가능한 유일한 상품이다.

연금저축상품에 가입한 후 수익률이 작다든지 사후서비스가 마음에 안 들어 이러지도 저러지도 못할 경우가 있다. 이럴 때는 계약이전제도를 통해 다른 금융회사의 연금저축상품으로 갈아타면 된다. 소득공제혜택을 받는 연금저축은 다른 연금상품과 달리 가입한 후 본인의 의

사에 따라 다른 금융기관으로 얼마든지 옮길 수 있는 제도적 장치(조세특례제한법 제86조의 2)가 마련되어 있다.

이 경우 해지에 따른 세제상 불이익이 없는 점 또한 큰 장점이다. 그냥 해약하게 되면 지금까지 소득공제받았던 만큼 세금으로 모두 토해내야 하지만 계약을 이전하면 중도해지에 따른 해지수수료나 그간 세금우대와 소득공제를 받은 금액을 추징당하지 않게 되므로 장기목적자금 마련에 매우 긍정적인 영향을 미치게 된다.

가입한 연금저축보험의 수익률이 저조하게 나타날 때는 거래은행이나 보험회사를 바꾸는 방법을 적극 고려해보는 것도 고수익을 올리는 비결이다.

계약이전 시 연금저축상품 취급기관별 비교 · 분석

거래회사를 바꿀 때는 연금계약이전에 제한조건은 없는지, 계약을 이전하려는 회사의 경영상태는 양호한지, 계약이전 시 별도 수수료가 있는지, 사후서비스해줄 담당자는 있는지 등 장단점을 따져본 후 결정하는 것이 바람직하다. 은행과 보험사는 원금이 보장되는 안정성은 있지만 수익성에서는 투신사보다 낮다.

반면 투신사(자산운용사)는 비록 원금보장은 안 되지만 상대적으로 높은 수익을 기대할 수 있다. 은행의 연금신탁배당률이 크게 떨어진다거나 보험상품의 수익률이 너무 낮다고 여겨지면 수익률이 상대적으로 높게 형성되는 증권사의 연금저축펀드로 갈아타는 것도 고려해볼 만하다.

그러나 장수시대에 연금을 종신토록 수령하고 싶다면 보험사의 연금저축보험으로 이전하는 것이 바람직하다.

연금저축상품의 계약이전에 불이익이 없도록 하려면 계약이전을 신청하기 전에 거래회사를 방문해 현재까지 불입한 누계액 및 이자, 해지(환매)수수료, 미상각 신계약비 등을 검토하고 해약환급금을 산출해본 뒤 연금저축상품을 옮기고 싶은 취급사에 이전 신청을 한다.

계약이전 시 이전되는 금액은 이전 시의 적립잔액에서 계약이전수수료를 공제한 금액이다. 연금저축보험의 경우 해약환급금과 미경과보험료적립금 등 여러 지급금에서 계약이전 수수료를 공제한 뒤 나머지 금액을 계좌이체해주므로 잘 살펴보고 추진하는 것이 좋다.

미경과보험료적립금(Unearned Premium Reserve)이란 수입보험료 중에서 아직 보험회사의 책임이 남아 있는 기간에 대한 보험료를 뜻한다. 다시 말하면 결산시점 현재 책임이 경과되지 않은 보험료를 산출하여 적립하는 금액으로 회계상 미경과보험료는 책임준비금으로 처리된다.

참고로 계약이전 절차는 A금융회사에 가입한 연금저축을 B금융회사로 계약이전할 경우 ① 고객이 B금융회사를 방문하여 신규계좌 개설 → ② 고객이 A금융회사를 방문하여 B금융회사로 계약이전 신청 → ③ 고객이 B금융회사를 방문하여 계약이전 완료 여부 확인 순으로 진행된다.

금융사별 연금저축상품의 차이점

똑같은 연금저축상품이라 하더라도 취급하는 금융기관에 따라 상품 성격이 다르다. 연금저축의 종류는 크게 연금저축보험형(연금저축보험)과 연금신탁형(연금투자신탁, 연금저축신탁)으로 구분된다. 이들 연금저축상품을 선택할 때 도움이 되도록 가장 큰 차이점과 장단점을 살펴본다.

예금자보호대상 포함 여부

연금저축보험형은 보험사에서만 취급하는 상품이다. 확정금리형과 변동금리형이 있는데 모두 납입원금 5,000만 원까지 예금자보험대상에 포함된다. 연금신탁형은 은행(신탁계정)과 증권, 투신사 등 보험사 이외의 다른 금융기관에서 취급하는 연금저축상품이다. 자산운용형태에 따라 채권형과 안정형 등이 있는 실적배당형이다. 원칙적으로는 예금자보호대상에서 제외되지만 은행의 신탁형은 보험사의 연금저축보험과 같이 예금자보호대상이다.

은행권의 연금상품은 상품운용 시 장부가평가가 아닌 채권시가평가를 실시하므로 실질적인 원금보장이 불가능하다. 연금저축신탁은 예전의 개인연금신탁과 달리 편입채권에 대하여 시가평가제를 적용하고 있다.

연금저축은 2000년 7월 1일부터 채권시가평가제도가 시행됨에 따라 종전 장부가평가가 적용된 구개인연금신탁이 판매 중지되면서 개발된 상품이다.

증권사나 투신사 등 다른 금융기관의 신탁형상품은 실적배당형으로 예금자보호대상에서 아예 제외된다. 증권사에서 판매하는 연금저축펀드는 주식이나 채권 등에 투자하는 연금상품으로 주식형, 주식혼합형, 채권혼합형, 채권형 등이 있다.

연금불입 방법의 상이점

연금불입 액수는 매회 1만 원 이상, 매분기 300만 원 한도에서 자유롭게 적립 가능하도록 설정되어 있는데 은행은 이대로 적용하지만 보험사는 대부분 5~10만 원 이상이다. 보험료 납입규모의 융통성 면에서 연금저축보험은 정해진 금액을 매달 납입해야 하기 때문에 자유적립이 가능한 은행의 연금저축신탁과는 달리 자유적립이 불가능하다.

다른 금융기관의 연금저축신탁은 매월 불입금액을 달리 적용할 수 있는 자유납입식이다. 그러나 보험사 연금저축상품은 다른 금융기관 상품과 달리 불입액에 할인 혜택이 주어진다는 장점이 있다. 자동이체 또는 급여이체, 단체계약 시에는 일정한 할인율이 적용된다.

상품운용 방법 차이

보험사의 연금저축보험은 대부분 연금수급액이 고정금리나 확정금리를 약속하는 정액상품이다. 은행상품은 보험사 상품과 비슷하지만 실적배당상품이다. 약정금리를 제시하지는 않지만 원금손실 가능성을 최소화하기 위해 국공채, 금융채, 기업어음 등 안전자산 중심으로 운용하기 때문에 안정성은 다른 연금저축보다 상대적으로 높다. 증권사의 연금저축펀드는 완전히 실적배당형 상품으로 10년 이상 장기간 적립하면 평균매입단가 하락 효과가 발생하여 고수익 실현이 가능하지만 펀드수익률이 저조할 경우에는 그만큼 손해 폭도 크다.

최저보증이율 적용 문제

보험사 상품은 거의 모든 연금저축상품이 2~3%의 최저보증이율을 적용한다. 최저보증이율을 적용해 10년 이상 운용할 경우 향후 금리가 떨어진다 하더라도 최저이율만큼은 보장받을 수 있어 안정적이다. 다른 금융권의 신탁상품은 최저보증이율이 대부분 0%로 보증이 거의 없든지 또는 적용되지 않는다.

해약할 경우 손해의 폭

연금저축보험은 납입보험료에 사업비와 보험성격상 위험보험료가 들어가므로 은행 등 다른 금융기관에서 취급하는 연금신탁보다 중도 해지 시 해약환급금이 상대적으로 작다.

연금수령 방법의 차이

보험사 상품은 확정기간형과 종신연금형, 상속형 등이 있어 선택의 폭이 넓다. 은행과 증권의 연금저축신탁은 확정형과 기간형만 있다. 펀드로 운용되는 신탁형은 연금지급을 펀드보유좌수의 분할방식으로 한다. 장수시대에는 연금수급의 안전성 확보가 매우 중요하므로 10년, 15년 등 수령시기를 확정한 상품보다 평생 동안 연금이 지급되는 종신형상품을 선택하는 것이 바람직하다.

금융기관 개인연금저축 상품별 특성 비교 · 분석

구분	연금저축신탁	연금저축투자신탁 (연금저축펀드)	연금저축보험
판매사	은행	증권사, 투신사	보험사
가입대상	만 18세 이상(소득발생자는 모두 소득공제혜택)		
납입기간	최소 10년(중도해지 시 패널티 적용)		
가입가능금액	월 100만 원, 분기 통산 300만 원 이내 가능		
상품성격 (이율지급형태)	실적배당(신탁형) 최저보증이율 없음	실적배당(펀드형) 최저보증이율 없음	공시이율적용(변동금리형), 최저보증이율 적용
가입형태	개인형	개인형	개인형, 부부형
납입방법	자유/정액적립식	자유/정액적립식	정액적립식

구분	연금저축신탁	연금저축투자신탁 (연금저축펀드)	연금저축보험
기대수익률	낮음(저수익)	높음(고수익)	낮음(저수익)
운용방법	안전자산위주 운용	공격적 운용, 비교적 높은 투자위험	안정적 운용
상품종류	안정형: 90% 채권, 10% 주식 운용, 채권형: 100% 채권운용	주식형: 주식비중 60% 이상, 혼합형: 주식비중 60% 미만, 채권형: 100% 채권운용	공시이율형(금리연동형), 확정이율형
리스크 정도	저위험	고위험	저위험
연금지급방법 (연금지급기간)	정액형, 확정형 중 선택 (중도연장가능)	정액형, 실적배당형 중 선택	종신형, 상속형, 정액형 중 1가지 선택
수수료 공제	신탁보수공제	신탁보수 공제	사업비공제
연금수령시기 (만기조건)	최소 10년 이상 불입 후 55세부터 확정기간만 수령가능, 매월 또는 3개월, 6개월, 1년 단위로 지급 단위 조정 가능		
예금자보호 (원리금대상)	보호(5,000만 원 한도)	대상 제외	보호(5,000만 원 한도)
원금보전 여부	실적배당형 상품이나 납입원금보전, 연금수령 시 원금보장	원금보장이 안 됨, 투자성과에 따른 실적배당	일정기간 경과 후 연금수령 시 원금보장, 확정이율 및 최저보증이율 수준의 원리금 보장
운영책임	은행	가입자	보험사
특약 부가	기능 없음	기능 없음	별도 부가 가능
소득공제	연납입액의 100% 소득공제(단, 300만 원 한도에서)		
과세여부	연금소득세 부과, 중도해지 시 가산세 부과(세부내용은 3장 참조)		
상품특징	중도해지 시 기타소득세 및 해지가산세 부과에 따른 원금손실 가능	투자성과에 따라 변동성은 크지만 높은 추가 수익률 기대 가능, 적립기간 연장 가능	특약부가로 위험보장기능 추가 가능, 중도해지 시나 계약이전 시 해약환급금이 납입보험료보다 낮을 수 있음

※ 농·수협에서 취급하는 연금공제는 성격이 보험상품과 비슷하고 개인연금신탁은 은행상품과 동일(단, 확정금리형은 없음)

궁합 맞는 특화연금보험 선택

주가지수연동형연금보험

주가지수연동형연금보험(ELA, Equity linked Annuity)은 가입자가 낸 보험료를 주가지수연계증권에 투자하여 안정적인 수익을 올려 연금액을 키우는 상품이다. 주가연계연금보험이라고도 한다. 일정 기간 주가와 연계한 후 공시이율을 적용하여 적립금액을 부리운용한다. 주식변동성에 따른 안정성을 고려해 주가가 하락하더라도 최저보증이율(연 1~2%)을 적용해주므로 원금손실 위험이 없다.

10년 이상 유지 시 비과세혜택이나 주식연계운용 등 변액보험과 비슷하지만 다소 보수적으로 운용하며 투자리스크를 가입자가 아니라 해당보험사가 지기 때문에 상대적으로 안정적이다. 단, 중도해약 시에는 원금보장 기능이 없고 원금보장 등을 위한 보증옵션의 비용(수수료)이 발생할 수 있으므로 상품별 특징을 잘 살펴보고 가입한다.

외화연금보험으로 다목적 자금 마련

외화연금보험(외화연계연금보험)은 상품구조는 비과세혜택을 받는 등 일반연금보험과 같지만 보험료를 원화뿐만 아니라 외화로 낼 수 있고 연금 또한 원화뿐만 아니라 외화(달러, 유로화 등)로도 받을 수 있는 연금상품이다. 연금개시시점을 자유롭게 설정할 수 있어 자녀해외유학이나 외국이민 또는 목적자금에 맞추어 가입할 수 있다. 매월 일정액을 불입하는 적립형과 보험료를 일시납으로 내고 만기 뒤 매월 또는 매년 연금식으로 보험금을 받는 거치형이 있다.

가입할 때 주의할 점은 변액보험과 같이 자기책임원칙이 뒤따르는 상품으로 환율변동에 따른 환 리스크 발생 시 위험을 계약자가 모두 부담해야 한다는 것이다. 가입기간은 10년 이상인데 운용방식과 적립금 부리방법, 최저보증이율 적용 등 취급 보험사마다 상품 내용이 조금씩 다르므로 잘 비교해본 뒤 선택한다.

목돈예치에 안성맞춤인 즉시연금보험

목돈이 있는 자산가나 퇴직금을 일시금으로 수령하는 샐러리맨이 안전하게 돈을 예치해 연금을 수령하면서 비과세혜택과 자녀 상속까지 염두에 두고 돈을 예치하려 한다면 즉시연금보험에 가입하는 것이 바람직하다. 부동산이나 주식 등에 직접투자하면 투자위험이 따르고 정작 필요한 시기(노후)에 현금화할 수 없다는 단점이 있다.

즉시연금에 가입(목돈을 한꺼번에 예치)하면 매월 불입하는 연금보험처럼 일정기간을 기다리지 않고 가입 익월부터 매달 일정액의 연금을 수령할 수 있으며 지급받는 연금에 대해서는 이자소득세 면제, 종합과세 제외 등 세제혜택이 있다. 가입조건은 일시납보험료 1,000만 원 이상으로 대부분 공시이율을 적용하며, 연금지급 방법은 종신형, 상속형, 확정형 등 3가지가 있다. 종신형은 중도해지가 불가능하다. 확정형과 상속형은 중도해지하면 감면받은 세금을 추징당하므로 보험차익 비과세 충족요건인 10년 이상 유지해야 한다.

연금전환 및 개시시점 확인

연금전환 고려하여 전환요건 미리 확인

변액유니버설보험은 만기가 없고 연금전환 시 연금전환특약 형태로 운용되기 때문에 거치기간 없이 곧바로 연금전환이 가능하다. 거치기간에는 해약할 수 있지만 연금이 개시되어 연금을 받게 되면 노후연금의 기본 개념 보존차원에서 해약은 거의 불가능하다. 연금을 매월 월급처럼 받는다는 것은 노후생활연금의 절대조건이므로 노테크 상품으로는 안성맞춤이다.

그러나 이 경우 반드시 연금전환을 염두에 두면서 유지한다. 그 이유는 연금전환을 할 경우 받는 연금액의 규모는 공시이율이 적용됨에 따라 파이가 달라지기 때문이다.

연금보험상품은 생존연금을 계산할 때 공시이율을 적용하기 때문에 공시이율이 변경되면 저절로 생존연금 수령액도 변경된다. 연금전환 시점에서 공시이율이 낮으면 수령하는 연금액이 작아지고 공시이율이 높으면 연금지급액이 커진다.

따라서 연금보험상품에 가입할 때는 공시이율이 향후 높을 것 같고 몇 십 년 후에도 변함없이 고객을 위해 봉사정신으로 연금을 다른 보험 사보다 많이 지급해줄 것 같은 보험사를 선택한다. 현재 시점에서 그런 회사를 판단하기는 쉽지 않지만 다음 요령을 토대로 검토해 결정한다면 도움이 될 것이다.

연금전환할 경우 효율적인 상품선택 요령 6가지

1. 공시이율을 늘 염두에 두고 보험사를 선택하라

연금으로 전환하면 그간 특별계정에 투입된 펀드가 일반계정으로 이체되고 그 시점부터는 공시이율을 적용하여 운용하므로 연금전환시점에서 해당사 상품의 공시이율이 몇 %로 적용될지 미리 염두에 두어야 한다. 즉 몇 십 년 후 연금을 더 많이 받을 수 있게 우량보험사에 가입한다.

2. 연금개시 나이를 확인하라

연금개시 나이는 본인의 경제활동능력을 고려해 미리 생각해두는 것이 좋다. 대부분 45세를 최초 연금지급개시 연령으로 잡는다.

3. 연금개시시점에서의 거치기간을 확인하라

변액연금의 경우 보험료 납입완료 후 연금개시까지 최소 거치기간이 있는지도 확인한다. 이 경우 많은 보험사가 보험료 최소거치기간을 짧게는 5년, 길게는 12년까지 적립금을 거치한 후 연금으로 전환하도록 설계해놓고 있다. 거치기간이 긴 상품보다는 짧은 상품이 노후 목적자금 적기마련과 연금수급조절 차원에서 더 좋다. 연금수령시기를 앞당기고 싶다면 거치기간을 앞으로 당기면 된다. 이 경우 연금불입기간의 최소불입조건은 맞춰야 한다.

4. 연금전환 시 연금급부형태를 반드시 확인하라

일반적으로 연금은 종신연금형, 확정연금형, 상속연금형 등 3가지 형태로 운용되는데 지급기간과 방법에서 차이가 많다.

5. 연금개시 이후 최저보증이율을 확인하라

연금개시 이후 적용하는 최저보증이율은 노후 연금지급의 안정성을 고려할 때 매우 중요한 요소다.

6. 차후 경제적 변수, 라이프스케일을 고려하여 납입기간을 길게 잡아라

변액연금보험은 납입기간을 일단 길게 잡은 다음 단축시키는 게 현명하다. 앞으로 생활하면서 어떠한 일이 일어날지 잘 모르기 때문이다. 모든 보험상품은 감액 또는 축소는 되지만 증액 또는 기간연장은 안 된다.

노후자금만을 위해서라면 변액연금보험으로

변액연금보험은 연금전환 시 연금전환 시점의 경험생명표를 적용받지 않고 가입 당시 경험생명표가 그대로 적용된다. 그러나 변액종신보험, 변액CI보험, 변액유니버설적립형 및 보장형 등 연금전환기능이 부가된 상품은 은퇴 이후 적절한 시점에 연금전환할 경우 연금전환 시점의 경험생명표를 적용받는다는 점을 유념한다.

즉 현재 적용하는 경험생명표가 아닌 연금전환 당시의 신규 경험생명표를 적용하여 연금지급준비금을 계산한다. 그렇게 되면 경험생명표상 연금생존율이 자연히 높아지게 된다.

평균수명이 증가함에 따라 새로운 경험생명표를 적용할 때마다 경험생명표상의 생명률이 2년 정도 늘어나는데 이 기간만큼 종신토록 지급받을 수 있는 연금총액은 상대적으로 줄어들게 된다. 경험생명표가 변경될 때마다 은퇴시점에서의 생존율은 높아지고 사망률은 점점 낮아지게 되므로 연금지급률 및 지급되는 연금액도 자연적으로 낮아지게 되는 것이다.

따라서 장기저축목적이 노후자금마련이라면 변액유니버설보험을 통한 연금전환보다는 변액연금보험에 가입하는 것이 훨씬 유리하다. 변액연금보험은 수익률이 저조하더라도 연금지급이 개시되면 기납입 보험료 중 주계약보험료에 대해서는 전액 연금으로 전환해주는 안전장치가 마련되어 있다.

연금보험상품 설계비법 6가지

노후생활 자금의 규모를 파악한다

노후의 생활패턴을 미리 구상해보면서 은퇴 이후 필요한 자금이 얼마나 되는지 따져본다. 이때 앞으로 금리 상황, 물가변동 여부, 화폐가치, 소득상승, 생활상태, 자녀독립 등을 종합적으로 분석하여 계산해야 하는데 이런 주변요소는 유동적이므로 정확히 산출하기는 곤란하다.

노후생활비를 계산할 때 표준적으로 사용되는 현재 가족 월생활비의 50~70%(부부는 70%, 나홀로는 50%) 정도를 은퇴 이후부터 자신과 배우자의 기대수명 때까지로 환산하면 종합적인 노후생활자금이 나온다. 이 자금을 마련해나가면 어느 정도 편안한 노후를 보낼 수 있다.

현재 저축할 수 있는 보험료 규모를 산출한다

소득이 거의 발생하지 않는 은퇴 이후 자금마련에 필요한 보험료를 산출하는 것이므로 매월 얼마를 불입할 수 있는지 잘 계산한다. 장기 납입 상품이므로 보험료 규모가 너무 크면 가계에 부담이 되어 계속 유지할 수 없는 상황도 발생하므로 매월 지출되는 보험료(저축성보험료 제외)가 연소득의 8% 이상이면 이를 구조조정하고 난 후 연금보험에 가입한다.

현재 실비보험, 질병보험, 암보험, 운전자보험, 종신보험 등 여러 가지 보험에 가입되어 있다면 실비보험은 기본으로 두되 위험보장은 보장자산의 과부족이 발생하지 않는 선에서 최소화하고 연금보험료 납부액을 키우는 방향으로 보험 포트폴리오 리밸런싱을 한다.

연금보험료 납입규모는 나이에 따라 다르지만 국민연금을 제외하고 일반적으로 본인 소득의 10% 이상으로 책정하는 것이 바람직하다. 직장인의 경우 퇴직연금도 들고, 국민연금 보험료 중 50%는 사업주가 대신 내주지만 자영업자의 경우 퇴직연금 가입이 불가능하고 국민연금 보험료도 전액 본인이 부담해야 하므로 반드시 본인 소득의 10% 이상으로 책정하여 연금보험에 들어야만 어느 정도 안락한 노후를 보장할 수 있다.

나에게 맞는 최적의 상품을 선택한다

연금보험은 상품종류가 매우 많아 처음 어떤 상품을 선택하느냐에 따라 보장규모나 연금액이 달라지므로 양질의 상품을 잘 선택한다. 돈 없는 노후에 요긴하게 활용하는 연금은 반드시 안정성과 수익성이 동시에 충족되어야 골드에이지가 펼쳐질 수 있으므로 어느 금융상품이든 가입할 경우 장래 은퇴시점에서 얼마가 나올지 컨설팅받을 때 꼼꼼하게 따져보면서 시드머니의 미래가치가 가장 많이 나오도록 설계한다.

연금액이 가장 많은 상품을 원한다면 실적배당형, 주가지수연계형, 외화연금보험 또는 금리연동형 연금보험에 가입하고, 현재 가입한 보장성보험이 없다면 위험보장과 노후연금보장을 합한 확정금리형 연금보험을 선택한다. 세제혜택(소득공제)을 원한다면 연금저축에 가입하고, 연금개시 시점에서 목돈마련을 염두에 두고 가입한다면 비세제형인 일반연금보험을 선택한다.

위험을 약간 감수하고라도 고수익을 시현하고 싶다면 변액연금보험에 가입하는 것이 좋다. 이 경우 가입자가 펀드포트폴리오 리밸런싱으로 펀드변경과 자산배분을 자유롭고 효율적으로 하게 하여 기대수익을 올릴 수 있도록 다양한 서비스체제가 구축된 펀드상품을 고르는 게 중요하다.

부부가 함께 보장받을 수 있도록 설계한다

연금보험은 보험료 구성 체계상 사업비와 위험보험료가 발생하므로 배우자가 없을 경우에는 개인형을 선택하지만 배우자가 있을 경우에는 부부형으로 가입하는 것이 보험료를 더 절약할 수 있고 위험보장을 받으면서 연금도 길게 받을 수 있으므로 효율적이다(만약 배우자가 이미 연금보험에 가입했다면 위험보장은 최소화하여 가입한다).

여자가 남자보다 8세 정도 더 오래 살고 일반적으로 남편보다 아내가 네 살 정도 적으므로 남편이 먼저 사망한 뒤에도 아내의 인생황혼기를 골드에이지로 물들일 수 있도록 주소득원을 주피보험자로 하고 배우자를 종피보험자로 하여 설계한다.

보험료 납입기간과 수령방법을 결정한다

보험 가입기간은 노후생활자금 수령액과 밀접한 관계가 있으므로 신중히 결정한다. 경제적인 능력이 있고 여유자금이 있다면 연금납입기간과 수령시기를 늦추는 만큼 연금액이 많아지므로 가급적 길게 납입하고 수령시기는 은퇴 이후 적정시점을 잘 선택한다.

일반적으로 직장인 같은 봉급생활자는 퇴직연금을 지급받는 시점 이후부터, 자영업자나 전문직 종사자·공무원은 65세 이후로 연금시기를 정하는 것이 바람직하다.

연금수령 방법은 크게 ① 10년, 20년 등 특정기간에만 연금이 지급되는 확정연금형 ② 평생 동안 연금이 지급되는 종신연금형 ③ 생존 시에는 자신이 연금을 수령하다가 사망 후에는 유가족에게 목돈을 물려주는 상속연금형 등이 있다.

연금수령 기간이 정해져 있는 확정연금형은 연금수령 초년도에 나오는 연금액이 다른 연금형보다 많은 게 장점이다. 사망할 때까지 평생 동안 연금을 받을 수 있는 종신연금형은 생존기간이 늘고 있는 현 추세를 고려할 때 지급되는 총연금누계액이 가장 많다는 장점이 있다.

상속연금형은 노후생활자금과 상속자금을 동시에 마련할 수 있다. 상속연금형은 납입한 원금과 이자가 함께 지급돼 사망 시에 소멸되는 연금과 연금 지급개시 시 적립되어 있는 금액(적립금)을 공시이율로 계산한 이자부분만 연금으로 지급하고 사망 시에는 적립금이 상속되도록 설계된 연금으로 나뉜다.

기대수명보다 오래 사는 장수리스크를 헤지하기 위해서는 종신연금형을 선택하는 게 좋다.

확정연금형은 연금보험을 취급하는 모든 기관에서 판매하지만 종신연금형은 상품 성격상 생명보험회사에서만 취급한다.

보험사와 컨설턴트를 신중하게 선택한다

연금보험은 한번 가입하면 최소 10년 이상 불입하는 장기상품이고 돈 없는 노후를 책임져 주는 효자상품이므로 반드시 안정성과 수익성을 신중히 고려하여 우량보험사를 선택해 가입한다. 연금 파이를 키우려면 듀레이션(Duration)을 상대적으로 짧게 가져가야만 적립금액이 더 많이 쌓이는데 보험사에 따라 경과기간이 같아도 적립금액의 규모에 편차가 많이 나타난다. 가장 큰 이유는 사업비 부과규모 차이 때문이다.

모든 연금상품은 저축보험료(변액연금보험은 특별계정)와 위험보험료 이외에 부가보험료(사업비)를 책정하는데 사업비 부과규모가 보험사마다 차이가 있다. 특히 변액연금보험은 실적배당형 상품으로 모든 책임소재가 전적으로 가입자에게 귀결되므로 어떠한 연금보험 상품보다도 우량보험사를 가장 먼저 선택한다.

좋은 보험사를 선택하려면 자산규모, 자본의 적정성, 재무건전성(지급여력비율), 상품의 수익성, 사업비 부과규모의 최저성, 보험설계사의 전문성과 직업성 등을 종합적으로 판단하는 것이 바람직하다. 변액보험은 펀드운용회사도 살펴봐야 한다.

연금보험은 단순한 노후생활자금 확보뿐만 아니라 제1보험기간에는 가족보장을 위한 보장자산 확보도 이루어지므로 처음부터 연금보험 컨설팅을 잘 받아 가입한 후 보험사고 발생 시나 연금수급 시 차질 없이 처리해줄 담당자를 만나야 한다. 지속적으로 잘 관리해주면서 가계의 금융주치의 역할을 수행해줄 전문설계사는 자산의 효율적인 관리와 형성 측면에서도 필요하다.

특히 변액연금은 펀드변동성에 따라 적립금액이 달라지므로 주가트렌드에 발 빠르게 대처하면서 자산운용 옵션을 유효적절하게 이용하여 연금수익을 높여주는 전문가의 도움이 꼭 필요하다.

최적의 연금 포트폴리오 5가지

행복한 노후를 설계하기 위해 연금상품을 선택할 때는 신중을 기해야 한다.

마크 트웨인이 '현명한 사람은 계란을 한 바구니에 담고 난 다음 그 바구니를 잘 지켜본다' 고 했듯이 반드시 현재와 미래의 가계자금에 대하여 냉철히 분석한 뒤 연금포트폴리오를 해야만 풍요로운 노후를 맞이할 수 있다.

연금포트폴리오를 추진할 경우 아래 제시한 방향대로 실천해나가는 것이 가장 합리적인 노테크 플랜이다.

국민연금은 반드시 가입

국민연금에 대한 원성이 너무 높다보니 국민연금보험 자체에 심각한 문제가 있어서 나중에 연금을 수령하기 힘든 것 아니냐는 걱정을 많이 한다. 국민연금 수급액이 처음 국민연금이 나온 1988년보다 매우 떨어졌고 앞으로 어떻게 바뀔지 모른다는 불안감도 있지만 국민연금제도 자체의 의미와 상품내용에 대해서는 긍정적인 측면이 많으므로 연금 노테크를 할 때 이 점을 간과해선 안 된다.

연금 중 정부에서 책임지고 보증해주는 상품, 물가상승률만큼 급여액이 상향 조정되도록 설계되어 있는 상품 그리고 가입자가 사망할 경우 배우자에게 평생 동안 매월 연금을 지급해주는 상품, 기초연금인 노령연금은 물론 장애연금, 유족연금 등 다양한 연금수급혜택을 개인뿐만 아니라 가족에게도 주도록 만들어진 연금은 국민연금밖에 없다. 아무리 개인연금보험이 좋다고 해도 조건이 같을 경우 정부에서 운용하는 국민연금보험보다는 연금수급액이 훨씬 작게 나온다.

그러나 국민연금은 사회적 최저수준(National Minimum)을 보장해주는 사회보장제도이므로 소득대체율이 낮아 노후생활 버팀목 역할을 수행하는 데는 한계가 있으므로 부족분을 개인연금, 그중에서도 특히 연금보험으로 충당해야 한다.

소득공제 필요 없는 사람은 연금보험 가입

연금자산이 평생 동안 확보되게 하려면 일반연금보험에 가입한다. 현재 판매되는 모든 개인연금상품 중 사망할 때까지 종신토록 연금을 지급하는 상품은 보험사에서 취급하는 연금보험 말고는 없다.

더구나 해를 거듭할수록 인간의 평균수명이 길어져 20년 후에는 90세 이상의 수명을 바라다볼 정도가 되므로 기간형 연금을 선택할 경우 정작 돈이 가장 필요한 인생황혼기에 생활자금이 없어 고통으로 얼룩질 수 있다.

따라서 일정기간만 연금이 지급되는 상품보다 평생토록 연금이 지급되는 종신형 연금 가입은 필수적인 노테크 아젠다.

또 일반연금보험은 비과세상품이기 때문에 소득공제가 필요 없는 주부나 자영업자, 고액의 연금설계를 원하는 사람들에게 매우 적합한 상품이다.

연금저축보험은 퇴직연금을 고려해 한도 안에서 가입

연금저축보험은 다른 개인연금과 달리 국가에서 제도적으로 개개인이 노후자금을 마련할 수 있도록 모든 소득 발생자에게 소득공제혜택이 주어지는 사회보장적 상품이므로 한도 안에서 가입하는 것이 바람직하다.

연금저축은 가입한도가 월 100만 원 이하(3개월납의 경우 300만 원 이하)이고 금융기관별로 분산투자도 가능하므로 매월 100만 원의 불입여력이 있을 경우 이를 한 상품에 가입하기보다는 연금 포트폴리오 차원에서 은행·증권·보험사 세 곳으로 나누어 총액 100만 원 이내에서 설계해 가입하는 방법도 좋다.

다만 우체국의 연금저축보험은 월 50만 원(3개월납은 150만 원) 이하로 가입할 수 있다. 가입 시 주의할 점은 보험사에서 취급하는 상품은 연금지급방식이 확정형, 상속형, 종신형 등 3가지가 있는 반면 다른 금융회사상품은 확정형 한 가지밖에 없다는 점이다(단, 중도 연장 가능).

퇴직연금 가입자는 퇴직연금 월불입금액을 향후 증가폭까지 감안한 다음 소득공제 상한선인 연 300만 원까지 차액만큼만 연금저축에 가입한다. 300만 원 이상에 가입한다고 해서 소득공제가 더 많이 되지 않는다.

가입한 연금저축의 수익률이 저조할 경우 다른 금융기관의 연금저축상품으로 갈아타기를 하는 것도 노테크 파이를 키우는 방법이다.

실적배당형 상품인 변액연금보험으로 연금파이 키우기

수령하는 연금액 규모가 노후의 삶을 좌우하므로 연금자산의 파이를 키우려면 고수익을 실현해줄 수 있는 변액연금보험을 선택해 가입하는 것이 바람직하다. 연금보험상품 중 똑같은 불입금액으로 연금자산의 파이를 가장 많이 키울 수 있는 상품은 적립금액이 펀드로 운용되는 변액연금보험밖에 없다.

단, 펀드로 운용되는 실적배당형 상품이다보니 펀드변동성이 심할 경우 투자리스크가 발생할 수 있으므로 가입 시 보험사와 상품선택(펀드종목)을 잘해야 하고 유지 시에도 펀드기준가 변동성 여부를 예의주시하면서 펀드포트폴리오 리밸런싱을 해나가야 한다. 펀드수익률이 오르면 연금적립금 보증비율도 단계적으로 늘어나고 한 번 얻은 수익을 증시 변동과 관계없이 지켜주어 노후연금의 안정성을 높여주도록 설계된 상품을 선택하는 것이 바람직하다.

직장인은 회사부담 퇴직연금 꼭 가입

퇴직연금제도의 종류는 적립금 운용주체에 따라 크게 기업형인 확정급여형(DB형, Defined Benefit Pension Plan)과 확정기여형(DC형, Defined Contribution Pension Plan) 그리고 개인형과 기업형인 개인퇴직계좌(IRA, Individual Retirement Account) 등 3가지가 있다. 어떤 것을 선택할지는 사업장별로 적합한 형태를 노사가 합의하여 결정하는데 비용을 회사에서 부담한다는 장점이 있으므로 반드시 가입한다. 확정기여형(DC형)은 연금저축을 포함하여 매년 연간불입액의 300만 원 한도에서 소득공제를 받음으로써 실질소득을 증가시킬 수 있다.

이 밖에 보험사를 제대로 선택하느냐는 연금의 안정성과 수익성 확보 차원에서 매우 중요하다. 위에 제시한 바와 같이 연금포트폴리오를 추진해나갈 때에는 어느 한쪽에 편중되지 않게 상품별 특성과 장점을 잘 살려 황금분할에 입각해 안정적인 연금자산을 확보할 수 있도록 리밸런싱한다.

비과세상품인 일반연금보험과 소득공제상품인 연금저축보험, 실적배당상품인 변액연금보험을 자신과 배우자의 라이프맵에 따라 적절히 비례하여 가입하는 것이 바람직한 연금포트폴리오 실천 방법이다.

5장

변액보험으로 투자수익률 높이는 비법

많은 사람이 기적을 바라며 리스크를 향해 뛰어든다. 하이 리턴(High Return)이라는 기적을 바라는 사람은 냉철함이 없어 그런 행동이 하이 리스크라는 사실을 깨닫지 못한다. 로우 리스크(Low Risk)를 부담하는 것이 최고의 하이 리턴을 거둔다.

−오카모토 시로(岡本史郎, 마케팅컨설턴트)

재무설계의 초석, 가계자산운용 4분법

가계자산운용 4분법에 맞는 재무설계

가계금융자산을 운용할 때 투자(저축)하는 가장 큰 이유는 안정된 자산관리와 효율적인 자산형성, 즉 투자가치의 극대화다. 안정된 자산관리는 자금이 필요할 때 언제든지 내 돈을 찾아 쓸 수 있도록 환금성과 유동성확보가 선행되어야 함을 의미한다. 이 전제조건이 뒷받침되지 못하면 자산의 효용가치는 저하된다.

자산의 효용가치를 늘리려면 ① 안정성과 환금성을 중시하는 저축, 예금 등 금융상품 ② 보장성을 중시하는 보험, 공제 등 보험상품 ③ 안정성과 수익성을 중시하는 펀드, 변액보험 등 간접투자상품 ④ 수익성을 중시하는 부동산, 주식 등 직접투자상품 4가지 방법에 맞도록 자산 포트폴리오를 해야 한다.

이렇게 가계자산을 안분비례하여 적절히 운용하는 것을 가계자산운용의 4분법이라 한다.

재무설계할 때는 가계자산운용의 4분법에 입각해 자산포트폴리오가 올바로 이루어질 수 있게 해야 안전성, 수익성, 환금성이 시너지작용을 일으켜 재테크가 영글게 된다.

금융상품 및 투자대상별 장단점 분석

금융상품은 수시 입출금이 가능하고 기본 이자를 지급해 안전성과 환금성은 뛰어나지만 저금리시대에는 조정수익률로 계산할 경우 실질적 이익이 별로 없어 수익성이 떨어진다. 주식은 주가등락에 따른 매매차익과 배당을 받을 수 있어 수익성이 뛰어나다는 이점이 있지만 투자리스크가 투자자에게 모두 귀속되므로 안전성이 매우 취약하다는 단점이 있다.

부동산은 인구대비 국토면적비율이 상대적으로 낮아 가격상승요인이 내재되어 있으므로 장기 보유 시 안전성과 수익성이 뛰어나다고 할 수 있지만 환금성이 취약하여 목적자금이 필요할 경우 곧바로 매매하기가 쉽지 않고 관련 세금도 많아 투자리스크도 따른다.

이처럼 금융상품이나 주식, 부동산은 자산형성의 주체로서 수익성, 안전성, 환금성 측면에서 나름대로 장점이 있지만 단점 또한 있다. 각기 서로 반대 방향으로 움직이는 재테크 속성이 있다.

한 곳에서 손해 보더라도 다른 곳에서 손실을 보전할 수 있으므로 이를 효과적으로 활용하는 것이 포트폴리오에 입각한 가계자산운용의 안분비례방법이다.

자산운용 4분법을 만족시켜주는 변액보험

가계금융자산이 수익성과 안전성, 환금성이 두루 이루어지게 하려면 반드시 자산운용 4분법에 따라 관리되게 한다. 먼저 가계운영자산을 단기 운용할 경우와 장기 운용할 경우로 나누어 자산을 관리한다. 그리고 향후 금리변동성 및 수입증대에 따른 라이프스케일 변화에 따라 자산운용방식에 변화를 줄 수 있도록 지속적인 재무클리닉을 받는다.

주식, 채권, 부동산 등의 자산가치는 해당 자산에서 나오게 될 현재와 미래의 수익(배당, 이자, 임대료)을 현재가치로 환산한 것이므로 금리변화는 수익률에 절대적인 영향을 미치게 됨은 물론 투자방향(투자구성비)도 바뀌게 된다. 만약 시드머니를 단기간 운용하고자 할 때는 당연히 금융상품과 주식을, 현재 목돈이 많을 때는 부동산을 선호할 것이다.

그러나 매월 정액투자를 장기간 하여 목적자금을 마련해야 할 경우에는 장기투자상품인 변액보험을 선택하는 것이 바람직하다. 그래야만 가계자산이 잘 안분비례되어 인생재테크가 결실을 맺을 수 있다. 장기투자패턴이 점점 'High Risk, High Return' 형의 공격적인 투자보다는 안정적인 고수익을 시현하는 'Middle Risk, Middle Return' 형을 선호하므로 변액보험은 이에 가장 적합한 상품이다.

시드머니의 미래가치 제고는 변액종신보험으로

종신보험상품 중 특별계정부분을 펀드로 운용하는 변액종신보험(변액유니버설종신보험 포함)은 실적배당형인 변액보험과 전통형 정액종신보험이 결합된 장기 보장테크상품이다.

변액종신보험은 납입보험료가 일반종신보험의 보험료(일반계정운용)

와 별도로 특별계정(Separate Account, 펀드)에서 운영되어 펀드운용수익률에 따라 보험금이 변동된다.

변액종신보험의 가장 큰 장점은 동일한 보험료를 내지만 펀드수익률이 장기적으로 높게 형성되면 향후 인플레이션으로 인한 화폐가치 하락 리스크를 줄임으로써 생명보험의 미래가치 하락 가능성이라는 걱정을 사전에 덜어줄 수 있음은 물론 더 많은 보험금을 수령함으로써 보험금의 가치를 드높일 수 있다는 점이다.

예를 들어 보험금 3억 원짜리 정액종신보험에 가입한 사람이 10년 뒤 사망했을 때 그동안 물가상승률이 3배 이상 되었다고 한다면 자녀가 상속받는 사망보험금은 현재시점에서의 미래가치로 따질 때 3억 원이 아닌 1억 원의 가치 정도에 지나지 않는다.

그러나 변액종신보험에 가입한 사람은 보험회사가 선정한 자산운용사가 보험료, 즉 펀드를 잘 운용해 초과수익을 올릴 수 있는 여지가 많으므로 그만큼 추가로 돈을 더 많이 받을 수 있게 되어 인플레 헤지 효과가 발생함으로써 사망보험금의 화폐가치 하락을 막아 시드머니의 미래가치를 높여준다.

또 펀드 가입 후 펀드기준가에 변동성이 발생할 경우 자산운용옵션을 활용하여 시장상황에 맞는 효율적인 펀드 포트폴리오 리밸런싱을 통해 리스크를 최소화하면서 펀드수익률을 극대화할 수도 있다. 펀드수익률이 올라간다는 것은 그만큼 보장자산의 파이가 커짐을 의미한다.

단, 가입할 때 주의할 점은 펀드운용실적이 좋을 경우에는 사망보험금과 해약환급금이 그에 비례하여 증가하지만, 반대로 펀드운용실적이 악화될 경우에는 펀드기준가가 하락하고 이로써 수익률이 낮아져 원금 이하의 손실을 초래할 수도 있다는 것이다. 따라서 변액종신보험에 가입할 경우 향후 펀드 기준가의 변동성에 따른 리스크도 늘 감안해 펀드종목을 신중히 선택해야 한다.

ⅢⅢ특별계정과 일반계정의 차이

변액보험에 가입할 때는 특별계정과 일반계정의 차이점을 알아둘 필요가 있다. 특별계정과 일반계정은 자산운용의 목적과 평가방법, 운용상 책임소재가 모두 다르다. 변액보험상품에는 펀드로 운용되는 특별계정과 일반보험으로 운용되는 일반계정이 있다. 특별계정과 일반계정을 분리·운용하는 것은 계정끼리 공평성을 유지하기 위해서다.

두 계정 모두 가입자의 소중한 자산을 안전하고 유리하게 운용하려는 근본 취지는 같다. 하지만 특별계정은 자산이 가입자 개개인의 몫으로 구성되어 있고 펀드에 투자하는 까닭에 수익성을 더 중시한다. 반면, 일반계정은 가입 당시 보험가입금액을 지급하기 위해 보험사 자체에서 채권 등 안전한 자산에 투·융자를 하므로 안정성을 더 중시한다.

따라서 투자실적에 대한 투자위험의 부담자가 다르다. 일반계정은 투자 위험을 모두 보험사가 부담한다. 즉 일반계정은 보험사에서 직접 가입자 보험료를 주식, 채권 등에 투·융자하여 자산손실을 보게 되더라도 약관에서 정한 보험가입금액을 회사에서 책임지고 지급해야 할 의무가 있으므로 보험증권에 기재되어 있는 보험금을 그대로 받을 수 있다.

그러나 특별계정은 펀드투자 결과에 대한 책임이 투자자에게 모두 귀속된다. 즉 투자에 따른 위험을 모두 투자자 개인이 부담한다. 보험사고가 발생하였을 경우 보험가입금액에 최저보증제도(GMDB)를 도입해 기본보험금은 지급하지만 실적배당형이므로 지급되는 보험금(또는 해약환급금)의 규모가 투자결과에 따라 당초 약정한 보험가입금액과는 다르게 나타날 수 있다.

이런 점을 염두에 두고 자산의 안정성을 고려하여 적립식펀드보다는 보수적으로 펀드를 운용해나가면서 가입 후 은퇴시점에서 연금전환을 할 때는 노후자금을 안전하게 확보하기 위해 그 당시 적립금을 특별계정이 아닌 일반계정으로 이체하여 예정이율(공시이율)로 부리·운용한다.

두 계정 사이에는 자산운용 평가방법도 다르다. 정액보험, 즉 일반보험은 유가증권 평가 시 매월, 결산은 매년 실시하므로 자산을 장부가로 평가한다. 그러나 특별계정, 즉 변액보험은 유가증권 평가와 결산을 매일 하므로 순자산 또한 매일 변동하게 되어 자산을 매일매일 시가법으로 평가한다. 이와 같이 특별계정과 일반계정은 개념부터 근본적으로 다르다.

금융상품의 재테크 방법별 비교·분석

구 분	직접투자방식 (주식투자)	간접투자방식(펀드투자)			은행상품 (예금, 적금)
		적립식투자	거치식투자	보험투자상품	
재테크 목적	목적자금 마련기간 내 Cash Value 증가				
투자자금	소액의 개별 개인자금	소액이 뭉친 거액의 공동자금(내재가치 (intrinsic value) 투자)			소액의 개별 개인자금
운용주체	투자자 본인 자산	운용전문인력(펀드매니저)			가입자 본인
투자 포트폴리오방식	소수종목 집중투자–단기 수익극대화 수단	다수 종목 및 유형에 분산투자–위험관리가 강화된 재무설계수단			안정종목 집중투자–중단기 목적자금 마련수단
투자위험도	높음	보통	약간 높음	보통(가입 초기에는 높음)	매우 낮음
시장위험성	높음	낮음	보통	낮음	거의 없음
투자책임	투자자 본인	좌동	좌동	좌동	좌동
투자성공확률	매우 낮음(불확실성 내재)	중단기 투자 시 높음	보통	장기투자 시 높음	매우 높음
개별종목 위험성	높음	낮음	보통	낮음	거의 없음 (원금보존)
기대이익수준	고수익	안정수익	고수익	안정수익	저수익
이익배당방식	실적배당	실적배당	실적배당	실적배당	확정배당
투자기간	단기	중기	중단기	최장기	중단기
투자대상	주식	펀드운용	펀드운용	펀드운용, 보험 설계	주로 채권
재테크 강점	수익성	수익성, 안전성	수익성	안전성, 보장성	안전성, 환금성
지출비용규모	작음	큼(기간경과 시 더 큼)	큼(정액선취 방식 적용)	매우 큼(기간 경과 시 작아짐)	거의 없음
자금운용체크	정기점검 필요	정기점검 필요	정기점검 필요	정기점검 필요	정기점검 불필요
투자자의 재테크 리스크	정보력·분석력 부재, 마켓 타이밍 능력 부족으로 실질 성공확률 5% 이하	장기투자 시 수수료 후취 적용으로 불리, 중도환매 시 수수료 지불	목돈 투자로 코스트 애버리징 효과 미발생 시 펀드 변동성위험회피 곤란	보험특성상 사업비 및 위험보험료 발생해 가입초기 중도해지 시 원금손실 가능	이자소득세 과세로 실질적인 수혜폭이 적음, 장기투자 시 수익률 저조
	원금손실위험	좌동	좌동	좌동	–

※ 보험투자상품은 변액보험, 변액유니버설보험, 변액연금 등 모든 변액보험상품을 일컬음.

변액보험으로 고수익 올리는 8가지 비법

사업비규모 꼭 확인한 후 선택

보험투자상품에서 사업비부과의 차이는 곧바로 투자수익률과 직결된다. 변액유니버설보험 적립형과 변액연금보험 등 장기재테크를 목적으로 하는 보험투자상품의 경우 사업비부과 규모를 반드시 확인한 다음 가입한다.

변액보험 상품구조를 수익제고 차원에서 분석해보면 단기적으로는 많은 걸림돌이 작용하는데 그중 하나가 바로 보험사 운영에 필요한 사업비부과 비중이다. 변액보험의 사업비는 펀드 수수료와 맥락이 같은 지출비용이기 때문이다.

사업비 공제규모는 보험사별로 편차가 많다. 또 변액보험상품의 성격에 따라서도 차이를 많이 보인다. 변액유니버설보험 적립형이냐, 변액연금보험이냐, 변액종신보험이냐, 변액CI보험이냐, 변액유니버설종신보험(보장형)이냐에 따라 부과보험료, 즉 사업비부과 규모에 차이가 많다.

가입하고자 하는 변액보험 상품의 사업비 규모를 알려면 해당 보험사 콜센터에 전화해 확인하는 것이 제일 정확하고 빠르다.

문서로 작성된 것을 보려면 가입설계서와 보험계약관리내용, 특별계정, 운용설명서, 상품요약서 등에 특별계정투입원금이 기재되므로 이를 확인하면 된다.

보험료 추가납입해야 고수익 실현

변액유니버설보험은 납입기간 중 보험료를 추가로 자유롭게 납입할 수 있는 기능이 있다. 모든 보험은 상품설계 시 저축보험료와 위험보험료 등 가입자에게 돌아갈 순보험료와 더불어 보험회사 운영비, 모집자들 수수료, 내근사원 인건비 등으로 충당할 사업비 명목으로 부가보험료를 잡아 보험료를 책정한다.

여기서 사업비가 적게 들어가면 갈수록 가입자한테는 유리한데 그 방법 중 가장 좋은 것이 바로 보험료의 추가 자유납입기능이다. 왜냐하면 보험을 유지하는 기간에 추가로 납입하는 보험료에 대해서는 사업비 중 보험모집자에게 돌아가는 신계약비 부분과 내근사원 인건비로 충당되는 유지비 중 일부가 제외되고 나머지 유지비 부분과 수금비만 보험료에 책정되기 때문이다.

예를 들어 보험료가 100원이라면 실제로 펀드에 투자되는 돈은 90원이 안 된다. 나머지는 사업비 명목으로 부가보험료에 들어가 빠져나간다. 그런데 유지기간에 보험료를 추가납입하는 부분에 대해서는 약 95원 이상을 적립액으로 활용할 수 있기 때문에 그만큼 가입자에게 유리하다.

보험회사에서는 이를 가입자가 역이용하는 것을 방지하기 위해 추가납입할 수 있는 보험료 규모를 제한하고 있다. 당초 보험가입금액에서 월납보험료를 100만 원으로 청약했다면 추가로 보험료를 납입할 수 있는 가능금액은 일반적으로 기본보험료의 200~300%다. 즉 당초 월납입보험료 100만 원과 200만 원을 합하여 300만 원까지는 보험료를 불입할 수 있다.

그러므로 처음에 너무 타이트하게 생활비에서 쪼개가면서 보험에 가입하지 않아도 된다. 변액보험상품에 가입한 이후 추가납입하지 않는다는 것은 수익률 올리기를 포기하는 것과 마찬가지다.

피보험자는 가족 중 어린 자녀로

변액보험은 피보험자의 나이가 많으면 많을수록 수익률이 비례하여 떨어지도록 설계되어 있다. 대부분의 상품이 위험보험료를 계산할 경우 평준보험료를 기준으로 하여 산출하는데 이 상품은 초기수익률을 보전하기 위해 자연보험료 방식으로 산출한다.

그래서 나이가 많으면 위험보험료 부분이 상대적으로 많아져 수익률이 떨어지게 된다. 그러므로 한 살이라도 더 젊었을 때 보험료를 더 많이 불입하는 것이 훨씬 이익이다.

참고로 현재 변액보험상품을 개발할 때 적용하는 제6회 경험생명표를 보면 20세에 사망할 확률은 남자는 0.053%이고 여자는 0.028%이다. 그러나 100세에 사망할 확률은 남자는 59.563%이고 여자는 41.145%이다.

경험생명표상 그만큼 나이를 먹을수록 사망률이 매우 높아지므로 보험회사는 이에 따른 리스크를 염두에 두고 선의의 다수 가입자를 위해 상품을 개발(위험보험료 조정)할 수밖에 없는 것이다.

따라서 그간 적립된 금액이 늘어나기는커녕 오히려 공들여 모아둔 적립금액이 거의 위험보험료를 충당하는 데 사용되는 어이없는 상황을 맞이하게 될 수도 있다. 따라서 단순히 수익률을 제고하기 위해 변액보험에 가입할 거라면 반드시 한 살이라도 더 어린 가족을 피보험자로 해야 한다.

남자보다는 여자를 피보험자로

같은 나이일 경우 남자보다는 여자로 해야 수익률이 더 높다. 남자가 여자보다 변액보험료에 관한 한 불리하다. 모든 보험상품을 개발할 때는 경험생명표를 근간으로 하는데 이때 가장 중요한 요소가 생명표와 사망표다. 대부분의 보험상품에서 남자와 여자의 보험료가 차이나는 것은 여자의 평균수명이 남자보다 훨씬 길기 때문이다. 약 7세 이상 차이난다.

그래서 오래 살 가능성이 있으면서 그로써 상대적으로 보험혜택을 많이 보는 상품은 여자가 더 유리하므로 보험료 규모가 남자보다 여자가 더 크다. 그런데 이런 보험은 생존보험형식의 연금보험 등 몇몇 상품에만 국한된다.

보험상품은 대부분 보험금 지급사유가 보험사고를 전제로 하므로 사고 또는 사망할 확률이 높은 사람은 보험료가 당연히 비싸다. 즉 여자보다는 남자가 평균수명이 짧고 일반적으로 사고도 많이 일어나므로 보험료가 더 비싸게 적용되는 것이다. 그래서 변액보험상품 또한 남자보다는 여자에게 적용되는 보험료가 더 저렴하다.

특히 변액보험상품에서 펀드투자수익률을 올리는 데 남자는 여자에 비해 절대적으로 불리하다.

변액보험상품은 일반 보험상품과 달리 보험료 중 위험보험료를 적용하는 방식이 평준보험료 방식이 아닌 자연보험료 방식을 적용하여 보험료를 산출하기 때문이다. 남자와 여자의 수익률 차는 경과기간이 길수록 더 많이 발생한다.

변액보험 가입 후 사후관리 당당히 요구하기

변액보험은 펀드로 운용되므로 보험설계사라고 해서 아무나 팔 수 없다. 별도의 자격증이 있는 설계사에 한해서만 판매가 가능한데 이들을 변액보험판매관리사라고 한다.

즉 변액보험은 보험설계사가 아닌 변액보험판매관리사에게 가입하는데 이 차이는 매우 크다.

보험설계사가 아닌 '변액보험판매관리사'라는 호칭이 붙은 이유는 변액보험을 단지 판매하는 선에서만 임무가 끝나는 것이 아니라 사후관리까지도 하자 없이 해주라는 의미다.

즉 보험설계사가 고객 처지에서 고객이 보험혜택을 모두 보는 그날까지 지속적으로 재무컨설팅을 해주어야 한다는 전제조건이 있음을 의미한다. 그러한 선언적 의무가 동시에 수반되는 것이다.

이러한 암묵적 책임은 비록 문서화되진 않았지만 사후관리가 절대적으로 필요한 변액보험의 경우 계약체결 당시 이미 쌍방이 협약한 것과 같은 이치다. 그래서 자격증에 그렇게 기재되어 있고 가입자는 설계사에게 정당하게 요구할 권리가 있는 것이다.

변액보험은 10년 이상을 펀드로 운용해나가는 무형의 장기상품이므로 변액보험에 가입할 때는 동반자 관계로 목적자금을 모을 때까지 관리해줄 평생직업의식을 지닌 전문가를 만나야 한다.

많고 많은 판매사들 가운데 누구를 만나느냐가 나중에 보험투자상품을 선택한 것에 대한 만족감과 돈의 가치로 귀결된다는 점을 유념해야 한다.

변액보험은 해지시점이 매우 중요

변액유니버설보험 중 적립형과 변액연금보험은 일반적으로 13년 이상 장기간 유지해나가면 적립식펀드보다 수익률 면에서 유리하도록 구성되어 있다.

그런데 보험료 산출 시 자연보험료로 위험보험료를 산정하는 변액보험상품의 속성상 나이를 많이 먹으면 먹을수록 오히려 투자수익이 줄어들 개연성이 있으므로 가입 10년 이후 목적자금 마련시기가 도래할 즈음부터는 언제 해지해야 가장 고수익을 창출할 수 있는지 늘 예의주시해야 한다.

변액보험은 특별계정부분이 펀드로 운용되므로 펀드수익률이 은행의 정기적금 이자처럼 가입기간이 경과할수록 자동으로 늘어나는 확정형이 아니라 투자증권의 시장가격 흐름에 따라 오르내림이 결정된다.

따라서 변액보험 펀드투자 시 투자리스크를 줄이면서 고수익을 올리기 위해서는 목표자금 도달시점에서 환매시점의 적기 포착이 중요하다. 단, 환매 시에는 독단적으로 결정하지 말고 전문가의 도움을 받는 것이 현명하다.

변액보험상품의 경우 상품종류에 따라 납입기간이 정해져 있는 상품이 있고, 만기가 없는 상품이 있다. 변액유니버설보험종신보험, 변액CI보험 등 보장형상품은 보험기간은 종신이지만 납입기간이 정해져 있다.

그러나 변액유니버설보험 적립형은 납입기간이 종신납으로 만기 자체가 정해져 있지 않다.

상환시점 잘 포착해 펀드매입좌수 늘린다

'홍길동 씨는 사업이 잘 안 돼 가입한 변액보험을 어쩔 수 없이 실효(효력상실)시켰다. 그러다가 사업이 잘돼 그간 남에게 빌린 돈도 갚고 변액보험도 부활시키려고 담당설계사에게 문의도 하지 않고 즉시 부활했다. 이 경우 홍길동 씨가 잘한 것일까?

변액보험에 가입한 고객에게는 약관대출 후 상환이나 실효 후 부활을 할 경우 사전에 알려달라고 하는 것이 고객을 위한 맞춤서비스다. 부활하거나 약관대출금을 상환한다는 것은 보험료를 추가로 납입하는 것과 같은 맥락이므로 펀드기준가가 가장 많이 떨어진 시점을 포착하여 상환하는 게 투자의 정석이다.

따라서 상환(부활)할 때 조금이라도 더 이익을 보고 싶다면 반드시 언제 해야 좋을지 담당설계사에게 미리 문의한다.

설계사는 고객이 이런 요청을 해오면 펀드재테크 기술을 충분히 발휘하여 시의적절하게 펀드보유좌수를 늘려주는 재테크 센스를 발휘해야 한다.

고객의 변액보험 계약변동사항을 알려주는 계약 안내장이 고객에게 도착한 다음에는 곧바로 방문하여 부활 또는 상환으로 펀드보유좌수가 늘어났다는 것을 알려주는 것이 중요하다.

투자수익률 결정짓는 11가지 변수 늘 주시

변액보험상품은 동일한 조건에서도 펀드수익률이 달라지게 하는 변수가 많다. 변액보험 같은 상품은 각각 다른 회사에 가입했을 경우 투자수익률은 각기 다르게 나타나는데 이는 수익률 제고에 중대한 요소로 작용하는 변수가 다양하기 때문이다.

아래에 열거한 11가지 변수는 변액보험에 가입하였거나 가입하려할 경우 펀드투자수익률을 올리는 최대변수로 작용하므로 투자수익을 더 많이 올리려면 약관을 꼼꼼히 살펴보고 펀드 공부를 하면서 이치를 터득하여 길을 모색하는 지혜를 발휘하자.

동일한 조건일 때 변액보험 펀드수익률이 달라지게 하는 11가지 변수

1. 사업비 부과규모의 차이

2. 위험보험료 적용방식의 차이

3. 펀드수수료 부과규모의 차이

4. 고정적으로 들어가는 후취수수료의 차이

5. 펀드변경 시 수수료 부과 여부

6. 추가납입보험료 투입비율의 차이

7. 총보수비용의 크기 차이

8. 신계약비이연상각 기간 후 들어가는 비용의 차이

9. 보험료 미납 시 적립액에서 차감되는 월공제액의 차이

10. 연금전환을 한 이후 공시이율의 적용 차이

11. 보험료 할인혜택을 부여하는 제도상의 차이

▮▮▮ 최소 10년 이상 투자해야 할 보험상품

변액유니버설보험은 10년 이상 투자해야 수익률이 제고되기 때문에 반드시 10년 이상 장기 목적자금을 마련할 목표를 세워야 한다. 10년 이상 유지하면 펀드수익분에 대해 완전비과세 혜택이 주어지고 매월 불입하는 보험료에서 공제되는 사업비 규모가 작아진다(신계약비 공제기간 마감). 11차년도 이후부터는 펀드투입금액이 본격적으로 늘어나게 된다.

변액보험 펀드수수료는 후취적용하는데 부과규모가 적립식펀드보다 상대적으로 작아 13년 이상 지나면 적립식펀드보다 변액보험상품의 수익률이 더 높게 형성되는 역전 터닝 포인트 현상이 나타나게 된다.

따라서 변액보험은 어느 정도 여유자금을 준비해 반드시 처음 가입 시점부터 추가납입할 생각으로 최소한 10년 이상 투자하면서 변액보험상품만이 갖고 있는 리스크 헤지방법과 수익률 제고방법 등 다양한 장점을 적절히 활용하는 것이 바람직한 장기재테크전략이다.

수익률 저하 시 투자리스크 헤지 비법

변액보험투자수익률이 떨어질 경우 대처방법 5가지

변액보험은 은행상품과 투자신탁, 보험 성격이 서로 조화를 이룬 퓨전형 다목적 상품이므로 특성상 주가가 하락할 경우 어느 정도까지 효과적으로 대처해나갈 수 있는 다양한 제도와 자산운용옵션이 마련되어 있다.

변액보험에 가입한 뒤 투자수익률이 갑자기 많이 떨어질 경우와 주가가 하락할 경우 위험회피수단을 활용하여 투자 리스크를 회피 또는 헤지해나갈 수 있는 효율적인 대체 방법은 크게 5가지로 살펴볼 수 있다.

1. 직접투자의 묘미를 만끽시켜 리밸런싱 효과를 노리는 펀드변경
   방법

2. 계약을 의도적으로 실효시켜 자금의 안전성을 도모하는 방법

3. 보험계약대출을 대출 한도까지 일단 받는 방법

4. 코스트 에버리징 효과를 노려 역으로 추가납입을 활용하는 방법

5. 중도자금을 인출하여 손실 폭을 줄이는 방법

주가가 떨어질 때 변액보험상품에 주어지는 이러한 다양한 위험회
피수단을 활용해 투자자 스스로 투자리스크를 상쇄해나가는 지혜를
발휘해야 펀드가 흥하게 될 수 있다.

리밸런싱 효과를 노리는 펀드변경 방법

펀드변경(Fund Transfer)은 변액보험상품이 적립식펀드와 비교할 때
가장 우위에 설 수 있는 메리트 가운데 하나다. 펀드변경은 간접투자
상품이면서 투자자 스스로 직접투자를 하는 것과 같이 시장 흐름을 판
단하면서 가장 좋은 시기를 고려해 위험손실의 폭을 줄이고 동시에 고
수익을 실현하여 리밸런싱 효과를 극대화해줄 수 있는 제도다.

펀드변경은 보험계약일 기준 해당 약관에서 정한 바에 따라 펀드의 전부 또는 일부 변경이 가능하며 이 경우 펀드 편입비율은 계약자가 정하는 바에 따라 변경된다. 펀드변경은 신청하면 언제든지 할 수 있는데 이 경우 대부분 회사가 무료로 전환해준다.

보험사를 선택할 때는 우선 펀드유형이 얼마나 많은지, 펀드변경은 1년에 몇 번 가능한지, 펀드 전환 시 몇 개 펀드종목까지 한꺼번에 할 수 있는지 등을 세밀히 살펴본다. 많으면 많을수록 사후 펀드변경이 필요할 경우 다양한 경우의 수를 조립해 유효적절하게 활용할 수 있다. 어떤 유형의 펀드상품이 있는지는 생명보험사 홈페이지에 들어가 확인하면 된다.

계약을 의도적으로 실효시키는 방법

계약을 실효시키면 특별계정에 투입된 금액(펀드) 전액이 일반계정으로 이체된다. 신청 후 제2영업일 이후 이체(보험사마다 다르다)되는데 이때 위험보장을 받을 수 없다는 점을 알아두어야 한다.

변액유니버설보험 적립형 또는 변액연금보험은 가능하지만 변액종신보험, 변액CI보험 등 보장형변액보험은 효력이 상실될 경우 피보험자의 신체적 위험, 직업적 위험, 도덕적 위험의 증가로 자칫 부활(효력 회복) 승낙을 받지 못할 우려도 있다.

약관대출 활용해 투자리스크 줄이는 방법

약관대출제도를 활용하면 특별계정에 투입된 적립금 전액에 대한 투자리스크 회피를 다할 수는 없으나 펀드잔액의 최소화로 어느 정도까지는 상쇄할 수 있다.

약관대출을 받고 난 뒤에는 약관대출 원리금을 상환할 시기를 잘 포착하는 기술이 필요하다. 약관대출 상환금으로 펀드를 매입할 경우 펀드기준가에 따라 새로 매입좌수가 결정되기 때문이다. 차후 대출받은 원금을 모두 상환하면 그 시점부터 계약자 적립금이 추가되어 다시 특별계정으로 편입·투자·운용된다.

약관대출을 받은 다음 상환할 경우 늘 주가 변화를 예의주시하고 있다가 상환한 이후 주가가 더 떨어질 기미를 보이면 바로 그 시기에 재빨리 상환해야 이익을 볼 수 있다. 약관대출을 받은 다음 목돈이 생겼다고 아무 때나 상환한다면 펀드매입좌수가 처음보다 줄어들어 수익률이 악화될 수 있다는 점을 유념하면서 약관대출 상환시기를 잘 포착

하자.

약관대출을 활용해 레버리지 효과를 누리려면 펀드투입금액이 어느 정도 규모가 되어야 하므로 일정기간 불입한 이후 활용하는 것이 좋다.

코스트 에버리징 효과 노려 추가납입을 활용하는 방법

변액보험에서 보험료 추가납입은 기본보험료의 일정 적용률에 따라 합당한 금액을 적합한 시기에 추가로 불입하는 것을 의미한다. 변액보험상품에 가입한 뒤 추가납입을 하지 않는다는 것은 고수익 올리기를 포기하는 것과 마찬가지다.

추가보험료에는 사업비 중 신계약비가 공제대상에서 제외되기 때문에 기본보험료를 납입할 때보다 그만큼 펀드에 투입되는 보험료 규모가 커지게 되기 때문이다.

보험사에 따라서는 추가납입보험료에 대해서는 유지비도 공제하지 않고 단지 수금비만 공제하는 경우도 있다.

펀드재테크를 하려면 때론 공격적인 역행투자전략도 필요하다. 추가납입을 유효적절히 해 펀드보유좌수를 늘려나가는 투자전략을 모색해야 리스크 헤지와 동시에 추가수익을 실현할 수 있다. 이때 전제조건은 펀드시장에 대한 종합적인 판단력과 집중력을 어느 정도 겸비하고 난 다음 추진해야 한다는 것이며 이 경우에도 전문가의 도움을 받는 것이 중요하다.

자금중도인출을 이용하는 방법

중도자금인출제도는 은행예금처럼 자유롭게 적립금 범위 내에서 돈을 찾아 가계의 현금흐름을 원활히 할 수 있는 변액유니버설보험만의 장점이다.

해약환급금의 일정범위 내에서 언제든지 수시로 인출하여 활용할 수 있으므로 긴급자금으로의 융통성 있는 활용 이외에도 주가가 심하게 하락한다면 대안으로 삼아 이용해볼 만하다.

이 경우 중도인출금액은 총불입금액이 아닌 해약환급금의 일정범위 내에서 활용할 수 있다. 단, 일정기간이 경과해야 가능하고, 자금을 중도인출하게 되면 보험가입금액이 줄어들어 당초 목적한 생활보장플랜에 지장을 초래할 수 있다.

자산운용옵션으로 리밸런싱 효과 높이는 비법

자산운용옵션은 투자수익제고 시 최고의 디딤돌

적립식펀드는 부가옵션이 별로 없지만 변액보험은 보험과 은행, 펀드의 특성을 조화롭게 가미한 퓨전형 상품이라 옵션이 다양하여 옵션만 잘 찾아 조립해도 좋은 성과를 거둘 수 있다.

그중 투자수익률 제고에 실질적으로 영향을 미치는 옵션은 자산운용옵션으로 변액보험의 특성상 펀드운용의 장기화에 따르는 위험관리를 위한 안전장치로 활용되고 있다. 펀드조정을 통한 리스크 헤지 및 자산배분에 따른 수익구조개선 수단으로 안성맞춤이다. 자산운용 옵션 활용 시 펀드 자체로도 리스크가 상당부분 헤지될 수 있다.

펀드의 종류는 상품개발 시 확정되어 있지만 자산운용과 관련된 세부적인 옵션은 확정된 경우도 있고 나중에 추가되는 경우도 있는데 어떤 옵션을 선택하느냐에 따라 수익률이 달라지므로 가입 시 자산운용 옵션 내용을 꼼꼼히 살펴봐야 한다.

자산운용옵션은 크게 ① 펀드변경기능 ② 펀드별 편입비율설정(AA) 방식 ③ 펀드별 자산배분비율 자동재배분(AR) 방식 ④ 보험료평균분할투자(DCA) 방식 등 4가지로 분류된다.

펀드변경은 변동리스크 회피할 수 있는 최적 수단

펀드변경은 가입자가 언제든지 해당 상품의 펀드종목 안에서 다른 펀드로 전환할 수 있는 기능이다. 경기에는 반드시 순환사이클(Recurring Cycle)이 있듯 펀드투자 또한 투자의 순환사이클이 있다. 펀드변경을 통해 채권과 금리가격의 변동성 문제, 주식가격의 변동성 문제가 발생할 경우 손쉽게 대처해 투자리스크를 최소화하면서 실질적인 수익을 올릴 수 있다.

펀드기준가의 변동성이 발생할 때 펀드변경을 적절하게 활용한다면 위험회피는 물론 투자수익의 몫을 직접 투자한 것과 진배없이 투자자

자신에게 곧바로 귀속시킬 수 있는 묘미도 있다. 펀드기준가에 심한 변동성이 발생하였을 때 대처해나가는 방법으로 펀드변경이 최적의 수단이다.

펀드변경 시 실질적인 기대효과 6가지

1. 위험회피를 통해 위험관리와 수익관리를 동시에 추진해나갈 수 있다.

2. 금리 또는 주가변동에 따라 펀드 포트폴리오 리밸런싱으로 고수익(Fund Trans, High Return)을 올릴 수 있다.

3. 변액보험의 경우 펀드변경만으로도 적립금과 보험금을 모두 증가시켜나갈 수 있다.

4. 주도적으로 리스크를 최소화하면서 투자자산(적립금액)을 능동적으로 관리할 수 있다.

5. 구태여 주식투자를 하지 않고도 주식투자를 하는 것과 같은 직접투자의 묘미를 만끽할 수 있다.

6. 자기책임에 입각해 주식과 채권 시장의 흐름을 따라가면서 인플레 헤지기능을 스스로 수행해나가는 기쁨을 느낄 수 있다.

AA 기능은 투자리스크 사전 헤지 역할 수행

펀드별 편입비율 설정(AA, Asset Allocation)은 가입자가 계약체결 당시 판매사에서 판매 중인 펀드 가운데 1개 이상의 펀드를 스스로 선택할 수 있는 기능이다. 즉 변액보험상품에 들어 있는 펀드종목에 대해서는 가입자 선택에 따라 펀드간 편입비율을 설정하여 운용할 수 있도록 한 제도다. 이때 해당사에서 운용 중인 총펀드 중 일정 품목 이내에서 일정 단위로 선택하여 설정하도록 되어 있는데, 보험사마다 적용 기준과 방식이 약간 다르다.

펀드별 편입비율 설정 시 해당 약관에 명시된 범위에서 변경 옵션 선택도 가능하다. 추가납입보험료에 대한 펀드편입비율 설정은 기본보험료의 편입비율과 다르게 별도의 편입비율설정이 가능하다. 단, 추가납입보험료의 별도 편입비율 설정이 없는 경우 기본보험료의 편입비율을 따른다.

AR 기능은 목돈 분산투자로 투자리스크 사전 상쇄

펀드별 자산배분비율 자동재조정(AR, Auto Rebalancing)은 투자성과에 따라 계약자적립금액을 계약자가 선택한 편입비율에 따라 자동 재배분하는 기능을 말한다. 투자성과에 따라 변동된 계약자 적립금을 계약자가 지정한 날부터 3개월, 6개월, 1년 등 일정 단위로 선택한 펀드 자동재배분 주기마다 계약자가 정한 펀드의 편입비율로 자동재배분한다.

자동재배분하는 기능은 일반적으로 해당약관에서 정하는 횟수 이내에서 신청이 가능하며 수수료는 따로 부과하지 않는다. 주의할 점은 장기적이고 지속적으로 주가하락 또는 금리상승 시 펀드 손실이 커질 가능성이 있으므로 신중히 선택해야 하는 것이다.

DCA는 거치형 또는 보험료 추가납입 시 활용하면 효과

보험료 평균분할투자(DCA, Dallar Cost Averaging)는 보험료를 추가납입할 경우 추가납입한 보험료 중 수금비를 제외한 나머지 보험금액을 우선 단기채권형 펀드에 투입한 다음 보험료를 균등하게 분할하여 정해진 기간에 매월 계약자가 지정한 날짜에 단기채권형에서 펀드편입비율에 따라 설정된 펀드로 자동 투입하는 기능을 말한다.

가입자가 보험료를 추가납입할 경우 특정일자의 기준가를 적용하여 일시에 특별계정에 투입한다면 기준가 변동에 따른 투자리스크가 발생하므로 평균분할투자 기법을 도입하여 위험을 분산하는 제도다.

DCA의 신청시기는 추가보험료 납입시점이며 이 경우 수수료는 대부분 발생하지 않는데 보험사에 따라 다르다. 이 옵션을 취소할 경우 일단 해당상품 펀드 내 단기채권형에 있는 잔액은 곧바로 가입자가 설정한 펀드별 편입비율에 따라 해당펀드로 자동으로 투입된다.

자산운용옵션의 신청방법은 옵션내용에 따라 보험사 홈페이지 내 사이버창구를 통한 방법과 본사 창구 또는 각 지점 내방을 통한 방법 등이 있다. 담당설계사가 있을 경우 미리 확인한 다음 설정하는 것이 여러모로 유익하다.

특화우대제도 중 꼭 확인할 사항
10가지

변액보험에는 하이브리드(Hybrid)형 상품답게 다양한 옵션과 부대
서비스제도가 있다. 다양한 특화우대제도를 잘 활용하면 변액보험 사
업비로 공제된 특별계정 투입보험료를 어느 정도 만회하든지 다른 부
수적인 유무형의 효과를 누릴 수 있다.

1. 추가납입보험료 한도가 높은 회사 상품 선택

변액보험 가입 후 투자자 스스로 고수익을 실현하는 방법 중 보험료
추가납입제도를 활용하는 것보다 현실적으로 완전히 고수익을 보장받

을 수 있는 방법은 거의 없다. 그만큼 추가납입제도는 중요하므로 가입 후 여유가 있을 때 얼마까지 추가납입이 가능한지 반드시 살펴봐야 한다.

즉 추가납입보험료 규모가 매년 연간 납입하는 기본보험료의 총액인지 그리고 매회 얼마 이상 가능한지, 1년에 몇 번까지 가능한지 등을 살펴본다.

추가납입은 일반적으로 해당 월까지 납입하기로 한 기본보험료 총액의 200~300%선에서 이루어진다. 이 경우 기본보험료 총액의 한도를 모두 일시에 추가납입할 수 있는지도 알아본다.

예를 들면 월납 100만 원짜리 변액보험에 가입할 경우 추가납입보험료 한도가 기본보험료의 300%라고 한다면 제2회 보험료를 납입할 때 기본보험료 100만 원의 1년치인 1,200만 원의 300%, 즉 3,600만 원까지 한꺼번에 추가납입할 수 있는 회사도 있고 이를 분할 적용하는 회사도 있다. 분할 적용 시 연간납입 횟수는 대부분 12~24회 범위다.

2. 최저보증이율이 높은 회사 상품 선택

최저보증이율은 금리가 아무리 변동되어 떨어진다 해도 최소한 이

만큼은 보장해주겠다는 제도다. 즉 투자실적이 하락한다 하더라도 보험사에서 책임지는 금리 마지노선이 최저보증이율제도다. 최저보증이율은 1~3.75%까지 다양하게 적용한다.

연금전환을 할 경우 연금개시이후 지급연금에 대해 최저보증이율을 적용하기도 한다. 만약의 사태를 고려하여 최저보증이율이 높은 회사를 선택하는 것이 유리하다.

3. 최저보증제도를 폭넓게 실시하는 회사 선택

최저보증제도는 회사의 운용자산이익률과 시중금리가 하락하더라도 회사에서 지급을 보증해주는 제도다. 투자실적이 나쁠 경우 최초 가입한 기본보험계약의 사망보험금만 최저보증해주도록 한 제도다. 최저보증금액의 범위는 보험사 상품에 따라 다소 차이가 있다.

특히 변액연금보험은 연금지급 개시일까지 계약을 유지할 경우 투자수익률이 마이너스로 떨어져도 가입자가 그간 지불한 보험료 전액(주계약 보험료 부분)은 지급되는데 일부 보험사의 상품은 기납입보험료의 70%까지만 보장해주므로 최악의 사태를 고려하여 투자실적 악화시 최저사망보험금을 어느 선까지 보증해주는지 꼭 확인한다.

4. 기본보험료 의무납입기간이 짧은 회사 선택

기본보험료 의무납입기간은 보험료를 부득이한 사유로 불입하지 못할 경우 의무납입기간만 채우면 그간 불입한 보험료에서 쌓인 특별계정투입금액(적립금액) 범위 내에서 대체보험료가 발생하여 해당 보험을 실효시키지 않고 유지해주는 제도다. 의무납입기간이 짧으면 짧을수록 가입자에게 유리하다. 보험료 의무납입기간이 없는 회사도 있지만 대부분 1년 또는 18개월, 24개월 등을 적용하고 있다.

5. 자산운용옵션이 다양한 회사 선택

변액보험상품은 가입기간이 매우 긴 만큼 유지하는 동안 주가하락 등 투자수익을 올리는 데 걸림돌로 작용할 다양한 변수에 대처해나가도록 기본적인 안전망이 구비되어 있어야 한다. 그 안전망이 바로 자산운용옵션이다.

펀드변경을 고려하여 펀드종목은 얼마나 되는지, 펀드변경기능과 펀드별 편입비율설정(AA) 기능, 펀드별 자산배분비율 자동재배분(AR) 기능, 보험료평균분할투자(DCA) 기능 등은 모두 구비되어 있는지 그

리고 많은 제약 조건 없이 자유롭게 활용할 수 있는지 등을 반드시 확

인해야 한다.

6. 중도인출 기능과 그 가능성 살피기

유사시 적립금액 범위 내에서 자금을 중도인출해 활용하는 제도는 장기 유지해나가는 변액보험상품에서는 매우 필요한 제도다. 그런데 중도인출은 아무 때나 되지 않는다. 일정기간이 경과해야 하고 연간 인출 횟수가 정해져 있으며 인출 가능한 금액 또한 제한되어 있다.

일반적으로 중도인출은 연 12회까지 해약환급금 범위 50% 내에서 인출한 후 계약자적립금이 월납은 가입금액의 10% 미만, 일시납은 일시납보험료의 10% 미만이 되지 않아야 하는 등 조건을 설정해놓았는데 이 또한 보험사마다 차이가 많다.

7. 자동이체(급여이체) 할인제도 확인

아직도 보험료를 보험컨설턴트들에게 방문수금하게 만드는 계약자

가 있는데 이는 재테크를 안 하려고 작정(?)하는 것과 다름없다고 할 수 있다. 보험료를 자동이체로 돌리면 제2회 이후 계속보험료에 대하여 월불입금액의 0.5~1% 정도를 적용·할인해주는 경우가 많기 때문이다. 저절로 투자수익 1%를 내는 기회를 포기하지 말아야 한다.

8. 보험료 고액할인규모 확인

보험료 고액할인제도는 기본보험료 규모가 일정 금액 이상일 경우 부가보험료(사업비) 범위에서 차감하여 우대해주는 제도다. 월납입보험료 규모가 클 경우 이를 이용하면 수익을 더 많이 올릴 수 있다. 보험사들이 모두 적용하고 있는데 할인폭과 할인금액의 범위는 각기 다르다. 대부분의 회사가 월 50만~100만 원대부터 1,000만 원대까지 기본보험료의 0.5~1% 부터 많게는 3%까지 보험료 할인혜택을 준다.

9. 보험료 납입면제 여부 확인

이왕 보험투자상품에 가입하는 것이니 보험의 특성상 도움이 되는

서비스 제도를 폭넓게 활용할 필요가 있다. 이 중 보험료 납입면제제
도는 빼놓을 수 없는 제도다.

10. 단체가입 시 단체취급특약 활용

변액보험상품을 직장 및 급여단체에서 5명 이상이 모여 단체(단체취
급특약 가입)로 들면 1.0% 정도 할인혜택을 적용받는다.

기타 우대서비스제도 꼭 살펴 맞춤설계

비흡연 우량체 계약은 변액보험상품 중 보장형(종신보험, CI보험 포
함)에 적용하는데 특약 형태로 부가가 가능한 회사도 있다. 중도인출
없이 보험료를 꾸준히 납입할 경우 위험보험료 공제가 안 돼 실효 대상
계약이 되더라도 특별계정운용 실적과 관계없이 보험계약의 효력을
유지시킴으로써 보험가입금액을 최저사망보험금으로 보장해주는 계
약유지보장제도를 실시하는 회사도 있다. 보험금을 미리 지급하는 선
지급서비스 특약을 가미한 회사도 있다.

다만 이런 서비스제도가 선택특약형태로 자유조립(Order Made Rider)이 가능하도록 판매되므로 다른 보험에 가입하여 그 상품에 같은 위험보장플랜이 있다면 수익률제고에 영향을 미치므로 중복 선택할 필요가 없다.

약관대출 활용, 중도인출 자제

약관대출제도 활용하면 이자부담이 최소화된다

긴급자금이 필요할 경우 중도자금인출보다는 약관대출을 받아 활용하는 게 유리하다. 긴급자금이 필요할 때 적은 이자비용으로 대출제도를 활용하면 이익의 극대화와 필요자금의 적기 수급이 용이하다.

예를 들어 약관대출을 받을 경우 표면적으로는 대출금리가 연 9%라면 은행은 이 이자를 모두 부담해야 하지만 변액보험은 그렇지 않다. 실제로는 수수료 약 1.5%를 공제한 나머지 7.5%에 해당하는 금액은 다시 본인의 펀드(특별계정)에 투입된다. 따라서 대출받을 때 이자는 9%가 아닌 1.5%로 7.5%를 이익 보는 셈이 된다.

약관대출은 계약이 모두 살아 있다

약관대출은 특별계정부분에 있던 자금이 약관대출을 받음으로써 일시적으로 일반계정부분으로 투입된 것이므로 언제든지 다시 특별계정으로 투입될 수 있다. 즉 약관대출을 받았다는 것은 당초 계약서에 서명한 보험가입금액이 그대로 살아 있다는 것을 의미한다. 따라서 약관대출을 받았다 하더라도 사고가 발생하였을 경우 보험금을 전액 받을 수 있다. 그러나 중도자금인출을 하면 그렇지 않다.

중도자금인출제도를 운용해 자금인출을 하면 자금을 받은 만큼 해지로 간주하여 보험가입금액이 줄어들기 때문에 상환 자체가 불가능하다. 상환이 불가능하므로 당초 가입 시 설계한 생활보장플랜에 대한 사후 혜택은 자연히 받을 수 없게 된다. 보험혜택을 받을 수 없으면 다른 보장플랜이 되어 있지 않는 한 또다시 보험리모델링을 해야 한다.

특히 중도인출을 하면 보험가입금액 자체가 줄어들게 되므로 추가납입금액도 자동으로 줄어들게 되어 더 높은 수익률을 올릴 수 있는 안전장치를 스스로 포기하는 것과 같다. 당초 설정한 재무목표를 실현하기 위해서는 꼭 필요한 경우가 아니면 중도인출은 자제하고 약관대출을 받아 적정수준의 적립금 유지에 주력하는 것이 가장 현명한 재테크 방법이다.

6장

알찬 보험설계 위한 보험클리닉 기술

내일을 대비하려는 현명한 사람은 오늘부터 준비하되 모든 달걀을 한 바구니에 담아놓지는 않는다.

－세르반테스(Miguel de Cervantes)

생활치수와 보험치수를 정확히 맞춰라

당신의 보험치수는 생활치수와 일치하는가

우리나라 보험가입률은 세계 몇 위일까? 우리나라의 보험가입률이 전 세계에서 가장 높다. 가구당 보험가입률이 97.7%로 대부분 90% 이하에 머무는 미국, 일본, 영국, 프랑스, 독일 등 국민소득이 우리나라보다 높은 선진국들보다 훨씬 높다.

국민소득이나 가구당 소득규모가 이들 국가보다 작은 현실에 비추어볼 때 분명히 보험에 많이 가입했다고 할 수 있다. 각 가정에서 좋은 보험을 실속 있게 가입했다기보다는 생활치수와 보험치수를 제대로 보지 못하고 가입한 가정이 많다는 것을 방증한다.

생활치수에 알맞은 보험 포트폴리오 리밸런싱 실시

문제는 보험에 가입한 상품에 대한 구성비, 즉 보험포트폴리오는 아직 후진국 수준에서 맴돈다는 것이다. 선진국 사람들은 주로 생활보장보험에 가입한 데 반하여 우리나라 사람들은 대부분 저축성보험에 가입했다.

선진국의 가구당 생명보험상품 가입 실태를 보면 미국의 경우 가입 상품구성비 중 사망보장, 즉 생활보장자산 중심의 보험상품 가입비율이 80% 이상 차지하고 있고, 일본은 75% 이상 차지하고 있다. 그런데 우리나라는 30% 정도에 불과하다.

그만큼 우리나라 사람들은 선진국보다 보험에 많이 가입했지만 정작 가정경제의 울타리 역할을 하는 생활보장자산 확보를 등한히 하고 있음을 의미한다.

생활치수와 보장치수 잘 맞아야 보험효력 극대화

사망확률이 높은 일반사망보다 사망확률이 낮은 재해사망에 중점을 둔 보장상품에 가입하는 사람들이 훨씬 많으며, 가장보다는 자녀들을 위한 보장상품에 더 가입하는 가정도 많다. 가장의 사망이라는 치명적 위험보다 배우자나 자녀의 위험 보장을 위한 보험에 더 많이 대비한다는 것도 문제다.

거꾸로 가장에게만 너무 쏠리는 것도 문제가 될 수 있다. 나와 가족의 보험은 늘 균형이 유지되게 해야 한다. 보험치수와 생활치수가 같도록 재단해야 한다.

모든 가정의 생활패턴은 천차만별이다. 인생 4L이 모두 다르기 때문에 남이 좋다는 보험이 내 가정에는 안 맞는다. 따라서 보험에 가입할 때는 반드시 내 가정의 어디가 중대 위험에 노출되어 있고 나 자신은 어떠한 형편에 놓여 있는지, 또한 가족 중 누가 사회생활 중 다른 사람들에게 손해를 끼칠 위험을 안고 있는지 등을 종합적으로 살펴본 후 그런 리스크를 헤지해줄 수 있는 가장 적합한 보험을 선택해 가입해야 한다.

그러나 이러한 것을 정확히 진단하면서 가입하는 가정은 그리 많지 않다. 전문적인 보장설계능력이 필요하기 때문이다. 따라서 보험테크를 올바로 하기 위해서는 내 가정의 생활치수에 가장 잘 맞는 보험치수를 재단할 줄 아는 보험컨설턴트를 만나 재무설계와 더불어 보험포트폴리오 리밸런싱을 추진하는 지혜가 필요하다.

가입 만족 높이는 보험리모델링

가입한 보험 알맞게 수선하는 리모델링 시대

장거리 여행을 떠날 경우 비행기나 열차를 잘못 타고 가면 갈수록 계속해서 시간과 비용측면에서 손해의 폭이 커진다. 예를 들어 부산에 가려고 열차를 탔는데 광주로 가는 열차였다면 잘못 탄 것을 안 그 시점부터 가장 가까운 정류장에서 내려 잽싸게 갈아타야만 조금 늦더라도 목적지에 도착할 수 있다.

길을 잘못 들어섰을 경우도 마찬가지다. 계속 가면 갈수록 손해다. 서울서 강남 쪽으로 가야 하는데, 한참 가다 보니 강북 쪽으로 가고 있다면 재빨리 방향을 바꾸어 강남 쪽으로 가야 한다.

보험도 이와 마찬가지다. 가입한 보험은 많은데 잘 살펴보니 잘못 가입한 보험이 있다면 혜택은 별로 못 보면서 시간이 지날수록 힘들게 부은 보험료만 축내는 꼴이 될 수 있다. 그리고 보험료를 불입할 날짜가 다가올 때마다 후회와 스트레스가 더 쌓인다.

이럴 때는 불입한 돈이 아깝다고 미적거리거나 무작정 불입하지 말고 '포기하는 셈 친다' 생각하면서 과감하게 정리한다. 하루 빨리 정리하고 나와 가정에 가장 알맞은 상품으로 갈아타야 한다. 보험리모델링을 하는 것이다. 이것이 경제성의 원칙에 입각해볼 때 최선의 방법이다.

보험리모델링은 이익을 더 많이 보기 위해 하는 것

보험리모델링을 하는 가장 큰 이유는 보장과 이익을 더 많이 보기 위해서다. 이를 세부적으로 나열하면 첫째, 새로운 보험에 알뜰하게 가입하기 위해서이고 둘째, 가입한 보험 중 불필요한 보험을 과감히 줄여 보험료 누수를 방지하기 위함이고 셋째, 인생 4L에 비추어 볼 때 현재 또는 미래 시점에서 현재 가입한 보험이 효용가치를 상실하고 있기 때문이며 넷째, 경험생명표가 신규적용됨에 따라 보험료 인상이 요구되는 보험과 반대로 인하되는 보험상품 사이에 효율적인 리모델링을 실시하기 위함이고 다섯째, 가정의 라이프스케일에 맞춰 생활치수와 보험치수를 맞춤으로써 최적의 보험포트폴리오 리밸런싱을 통해 이익을 극대화하기 위해서다.

보험리모델링은 ① 만약의 사태에 대비하여 위험이 발생하였을 경우 가족이 경제적으로 자립하면서 대처할 수 있는 생활보장자금(위험관리)의 규모 ② 나중에 경제적 능력이 없을 때 생활에 필요한 노후생활자금(퇴직설계)의 규모 ③ 재산증식을 위해 필요한 재테크와 세테크 계획(재무설계) 등 3가지 방향으로 모색한다.

보험리모델링할 때 지켜야 할 주안점 10가지

보험리모델링을 할 경우 필자가 제시한 10가지 주안점을 반드시 염두에 두면서 전문가의 조언을 구하면 실속 있게 효과적으로 리모델링하여 만족을 느낄 수 있다.

1. 소득수준 대비 보험료 부담이 너무 크거나 도저히 계속해서 보험료를 불입할 능력이 없을 경우 반드시 리모델링한다. 이것이 리모델링을 하는 첫 번째 목적이다. 순수 보장성보험의 비중이 가계소

득의 10% 이상을 차지할 경우 무조건 리모델링 검토대상이 된다. 이런 경우에는 자칫 생활불안을 초래할 수 있으므로 재진단 후 긴축 수선한다.

2. 어쩔 수 없이 가입하여 항상 꺼림칙했다면 망설이지 말고 리모델링한다. 이는 정에 이끌려 지인에게 가입했다든지 보험을 잘 알지 못하는 상태에서 남이 좋다고 하니까 따라 가입한 케이스다. 실질적인 도움이 안 되므로 반드시 리모델링한다.

3. 비슷한 유형의 상품을 중복가입하였을 경우 곧바로 증권분석을 실시한다. 여러 건에 가입했지만 너무 한쪽으로만 보장내용이 편중되어 있다면 잘못한 것이다. 특히 의료실비보험은 비례 분할하여 보험금을 지급하므로 중복가입하면 그만큼 손해다. 비용을 절감하기 위해 최우선적으로 증권분석을 실시해 수선한다.

4. 현재 들어가는 총보험료 규모보다 작게 들어가면서도 보장은 가정의 현재와 미래 일정 시점에서 판단한 라이프사이클에 가장 적합한 상품으로 설계한다. 현재보다 보험료가 더 많이 지출되도록 재설계했다면 잘못 리모델링한 것이다.

5. 동일한 보험료 규모로 더욱 크고 다양한 보험혜택을 많이 받을 수 있도록 리모델링한다. 현재 많은 보험에 가입하지는 않았지만 보장 폭이 작을 경우가 이에 해당된다. 가족의 삶의 리스크를 헤지

하도록 일상생활에 필요한 실비보험과 생활보장자산 규모를 적절히 책정한다.

6. 보험료가 짜임새 있게 설정되었으면서도 보장은 매우 알차게 설계되어야 한다. 가입한 보험상품이 그리 많지 않고 보장도 상대적으로 취약할 경우, 즉 가계 재무상태를 종합적으로 고려했을 때 보험료를 조금 더 지출해도 무방할 경우가 여기에 해당한다. 이때는 단순히 생활보장차원만이 아닌 장기재테크 관점에서 보험포트폴리오를 리밸런싱한다.

7. 보험혜택과 더불어 재테크도 겸비할 수 있는 다목적 상품으로 설계한다. 보험상품도 단순히 보장만 따지면서 가입하면 돈을 못 번다. 한 푼이라도 현실적으로 이익을 볼 수 있도록 재테크를 고려하면서 선택한다.

8. 가입한 보험이 많아 관리하기가 귀찮고 힘들 때는 통합보험으로 리모델링한다. 생활보장형 컨버전시보험은 의료실비 등 한 상품으로 모든 위험을 관리해준다.

9. 기존 보험상품의 보장기간이 짧거나 얼마 남지 않았을 경우에는 곧바로 수선한다. 보장기간이 짧은 상품에 가입하여 실질적인 혜택이 거의 없을 경우 또는 결혼하기 전에 들은 보험이 현재 여건과 맞지 않을 때는 즉시 리모델링한다.

10. 좀 더 적은 보험료로 괜찮은 보험상품에 가입하면서도 기존의 상품보다 더 크고 많은 혜택을 부가적으로 받을 수 있어야 한다. 이런 경우 아직 원하는 보장플랜을 설계하지 못하였거나 보험 가입대상이나 여건이 안 되어 보험에 가입한 적이 없는 새내기 들에게 해당한다.

보험리모델링 효과를 극대화하는 컴플라이언스 7가지

1. 현재 가입하고 있는 보험상품들에 대한 증권분석을 종합적으로 실시한다.
2. 보장대상의 우선순위와 보장범위, 기간선정을 정확히 정한다.
3. 보장범위를 어디까지 할지 우선순위를 정한다.
4. 생활상 리스크 헤지와 더불어 실질적인 재테크가 되도록 리밸런 싱한다.
5. 가입하고자 하는 상품의 보험료 규모를 재무분석을 기초로 정확 히 책정한다.
6. 어떤 보험상품을 선택해야 미래가치가 높아질지 잘 결정한다.
7. 반드시 전문가의 조언을 구하면서 인생재테크에 입각해 지혜롭게 추진한다.

▋▋▋ 종신보험 여력 안 되면 정기보험 선택

정기보험은 종신보험과 마찬가지로 모든 사망에 대해 보험금을 받을 수 있다. 단, 종신토록 보장받지 못하는 확정기간형 상품이라는 단점이 있는 대신 종신보험보다 동일한 보장 대비 보험료가 저렴하다. 가족을 위한 보장자산의 확보는 필수불가결한 요소이지만 가계운영상 현실적으로 종신보험 가입 시 보험료 부담이 되는 사람들에게는 정기보험이 안성맞춤일 수 있다. 특히 새내기 직장인이나 결혼 초기 가장의 경우 종신보험에 가입할 여력이 없다면 일단 정기보험으로 가족보장을 커버하다가 경제적으로 여유가 생기는 시점에서 보험 포트폴리오 리밸런싱을 실시해 종신보험 전환 또는 가입문제를 심도 있게 검토하는 것이 바람직하다. 경제활동기보다 노후생활이 더 길게 형성되는 추세이고 노후를 스스로 책임져야 하므로 경제활동기 자녀의 독립시기까지는 가족을 중점적으로 보장해주는 정기보험으로 위험에 대비하고 은퇴 이후 자신의 노후를 위해서는 연금보험에 가입함으로써 더 알찬 보험테크가 될 수 있다.

연령대별 최적의 보험포트폴리오 기술

나에게 도움 되는 최적의 보험상품을 찾아라

낚시할 때는 미끼를 던지고 나서 고기가 떡밥을 물 때 잘 낚아채야 고기가 잡히듯 모든 일에는 때가 있다. 때를 잘 타면 도움이 되고 때를 놓치면 허탕을 치거나 손해를 볼 수 있으므로 시류에 편승하면서도 주체자로서 살아가는 삶의 지혜가 필요하다.

보험도 마찬가지로 시류, 즉 자신의 생애주기에 따라 잘 가입해야 가치가 발휘된다. 나이에 따라 가입할 보험이 따로 있고 그 나이에 들어봐야 별로 이익이 되지 않는 보험도 있다. 목적자금이 얼마만큼 필요한지는 자신이 가지고 있는 재산이나 소득 그리고 부채 크기에 따라 다르고 개인이 불확실한 미래에 대해 얼마나 인식하고 대비하는가에 따라 다르다.

그러나 평균적으로는 개인의 생애주기에 따라 필요한 재원 종류가 비슷하다. 무엇보다 '출생 → 성장 → 취업 → 결혼 → 육아 → 노후 → 사망'으로 이어지며 삶이 영그는 개개인의 인생 3L에 맞춰 필요한 상품에 제때 가입하고 변하는 라이프스케일에 따라 포트폴리오 리밸런싱을 하는 것이 보험테크의 지름길이다. 물론 의료실비보험과 같이 생애 전반에 걸쳐 반드시 필요한 상품도 있지만 일반적으로 세대별로 필요한 보험상품을 라이프스타일을 중심으로 종합적으로 살펴본다.

10대 전후에는 상해보험, 교육보험, 실비보험

10대 전후는 부모가 자녀 양육을 전적으로 책임지는 성장기다. 순박한 동심에 사로잡혀 있는 유아기와 감수성이 예민한 청소년기이므로 부모의 세심한 배려가 필요하다. 어린 자녀가 올바로 자라고 아무 탈 없이 공부에 전념할 수 있도록, 자녀가 갑자기 사고를 당하여 피해를 입지 않도록 안전사고에 각별히 신경 써야 한다.

특히 각종 안전사고에 많이 노출되어 있으므로 자녀가 미취학 아동

의료실비보험, 중도환급부보험	장기저축성보험, 변액유니버설보험, 주가연계보험, 달러보험		실버보험
	특화보험, 생활보장형 컨버전시보험, CI보험, LTC보험		여행보험
태아보험, 어린이보험	교육보험	운전자보험, 자동차보험, 주택화재보험, 공짜보험	
보장성보험	상해보험, 화재보험, 보증보험, 배상책임보험, 통합보험, 장기종합보험		
정액급부형 건강보험(암보험, 질병보험), 실손형 의료보험(의료실비보험)			

가족보험	정기보험	변액종신보험	연금(저축)보험	변액연금보험	즉시연금보험
탄생 10대	20대	30대	40대	50대	60대 이후

이거나 초등학생일 경우에는 상해보험에 가입한다. 자녀들을 위해 어린이보험과 교육보험에 들고, 국외유학을 생각한다면 달러보험을 들어놓는 것도 좋다. 다발성 질환이나 소아암, 재해, 골절 등과 관련한 치료비 및 입원비를 커버해주는 의료실비보험(실손형 또는 정액형)을 들어둔다.

20대에는 의료실비보험, 보험투자상품, 저축성보험

20대는 부모에게서 벗어나 본격적으로 사회활동을 하면서 경제적으로 자립하는 활동기 또는 신혼기다. 이때부터 가족단위가 형성된다.

처음으로 취업해 돈을 벌고 결혼자금과 주택자금 등 목돈을 만들기 시작하면서 인생에 대한 계획과 더불어 가정생활을 재정립하는 시기다.

따라서 소득의 일정부분은 재산증식 수단으로 절세상품인 저축성보험, 변액유니버설보험, 변액연금보험을 선택하여 가입하는 것이 좋다. 활동력이 가장 강할 때임을 감안하여 실손의료비 보장상품과 교통상해보험에 들어두는 것이 좋다. 여성의 경우에는 결혼 · 출산 등에 대비하여 여성관련 특화보험에 가입한다. 자동차보험과 운전자보험 가입은 필수다.

30대에는 종신보험, 연금보험, 보험투자상품

30대는 결혼하여 자식을 낳아 가족구성원이 짜이면서 독립된 가정이 형성되는 가정형성기다. 사회활동을 위한 교제 범위가 넓어지면서 경제활동이 가장 왕성한 시기다. 가정경제가 어느 때보다 짜임새 있고 넉넉하여 지출대비 소득 폭이 가장 많다. 내 집 마련과 장기목적자금 마련 등 재산증식을 하는 적기이므로 재무설계를 잘해야 한다.

이 시기에 제대로 저축하지 못하면 평생 경제적으로 곤란할 수도 있으므로 보험투자상품에 관심을 갖는다. 가정이라는 울타리가 만들어진 만큼 가장은 가족의 생활안정을 위한 질병보험, 의료실비보험 등 정액형 또는 실손형 의료보험과 더불어 종신보험과 통합보험 가입을 적극 검토한다. 노후를 대비하여 연금보험에 가입할 시기다.

40대에는 통합보험, 질병보험, 연금보험

40대는 삶의 질을 좌우하는 인생의 황금기, 가정성숙기다. 자녀가 성장하여 학교에 다니고 가장은 사회적 · 경제적으로 안정된 생활을 하며 지출대비 소득이 많다.

자녀의 결혼과 대학자금 등 목돈 지출이 서서히 늘어나는 시기이므로 지출될 목돈마련에 대비해 그동안 벌어놓은 자산가치를 극대화해야 한다.

특히 40대부터는 건강에 적신호가 켜지므로 일상적인 위험을 헤지하는 전략과 지혜가 필요하다. 통합보험, 질병보험, CI보험 등 생활보장보험 가입은 필수다. 아직 연금보험에 가입하지 않았으면 반드시 가입한다. 종신보험도 가입하고 경제적으로 여의치 않다면 정기보험에 가입한다. 자녀 교육비와 결혼자금 등 목돈지출을 대비하여 보험투자 상품에 가입한다.

50대에는 질병보험과 LTC보험, 즉시연금보험

50대는 가족이 모두 성숙하여 독립하는 가정안정기다. 자녀 결혼으로 목돈이 필요한 때다. 나가야 할 돈은 많은데 상대적으로 수입은 불안정하고 다가오는 노후를 염두에 두면서 연금설계도 해야 하므로 자산형성보다는 자산관리에 치중하면서 안전한 포트폴리오를 짜는 것이 중요하다.

건강상으로는 고혈압성 질환이나 당뇨병, 암, 뇌출혈, 급성심근경색 등 성인병 발병률이 가장 높다. 50세 이후에는 질병보험 가입에 제약과 보험료 할증 등이 따르므로 되도록 빨리 가입한다. 중풍이나 치매 등 노인성질환을 대비한 질병보험과 LTC보험에 들어두어야 한다. 퇴직일시금을 받을 경우에는 즉시연금보험에 가입해 연금자산으로 확보해야만 목돈이 안 새어나가고 노후를 안락하게 보낼 수 있다.

60대에는 여행보험과 실버보험

60대 이후는 자녀가 분가하고 경제적으로 은퇴하면서 노부부만의 제2의 인생을 준비하는 노후생활기다. 목돈이 많이 들어가지는 않지만

경제능력이 없으므로 평생 동안 생활할 수 있는 노후자금이 미리 확보
되어 있어야 한다. 노인성질환에 걸리지 않도록 항상 건강관리에 힘쓰
면서 규칙적인 생활을 한다. 이 시기에는 여행보험이나 실버보험 등
양로보험에 가입하여 부부의 문화레저 생활에 도움이 되도록 한다. 자
금여력이 있다면 변액유니버설보험, 변액연금보험 등 통장의 대물림
상속이 가능한 보험에 가입해둘 필요가 있다.

70대 이후는 가입한 보험으로 안락하게 생활

70대 이후는 경제적 능력 없이 그간 벌어놓은 자금으로 생활하면서
재산상속방법도 미리 생각해놓는 인생의 황혼기다. 이 시기는 연금보
험과 중풍이나 치매 등 노인성 질환을 대비하여 가입한 생활보장형 보
험으로 혜택을 보는 시기다. 기력이 쇠해지고 신체적 면역력도 떨어지
므로 건강이 만복의 근원임을 상기하면서 각별히 신경 쓰고 밝게 생활
하는 여유 있는 삶의 자세가 필요하다.

골드인생 위한 연금보험포트폴리오 비법

연금보험은 가입대상자에 따라 다양

은퇴설계에서 제일 중요한 것은 노후생활자금, 즉 연금자산 확보다. 연금자산을 확보하기 위한 보험테크는 국민연금과 퇴직연금을 포함하여 최소한 월소득의 10% 이상을 불입하는 식으로 추진하는 것이 이상적이다.

이때 가입할 연금보험은 가입대상자에 따라 ① 비과세와 더불어 연금에 대한 세금 없이 안정된 노후자금을 확보하려면 일반연금보험 ② 매년 소득공제혜택을 받으면서 세금이연(Tax Deferred) 효과를 노리려면 연금저축보험 ③ 연금자산 파이를 더 크게 하려면 변액연금보험 ④

보수적으로 운용하면서 이익을 실현하고 싶다면 주가연계연금보험
(ELA) ⑤ 자금을 다목적으로 활용하려면 외화연금보험에 가입하는 것
이 바람직하다. ⑥ 퇴직금, 예금 등 어느 정도 목돈이 있을 경우 즉시연
금보험에 가입한다. 그리고 ⑦ 인생의 5대자금과 병행하여 노후자금도
함께 마련하려면 변액유니버설보험에 가입하는 것도 괜찮다. 이들 연
금보험상품으로 적절히 포트폴리오를 구성해 가입하는 것도 바람직한
연금테크 방법이다.

연금보험 포트폴리오 시 리모델링 대상 상품

은퇴자산을 마련하기 위한 연금보험 포트폴리오 리밸런싱의 핵심은
중복된 일반 보험상품은 과감하게 줄이면서 그 공백을 은퇴자산마련
을 위한 연금보험상품으로 리모델링하는 것이다. 현재 가입하고 있는
여러 보험 중에서 은퇴자산마련을 위한 보험포트폴리오 리밸런싱 시
정리대상 보험상품은 다음과 같다.

1. 국민건강보험으로 커버 가능한 보장부분이 있는 필요 이상의 건
   강보험상품

2. 보장내용이 많이 중복되어 실질적인 보험급여가 적은 상품

3. 은퇴 이후 가족 모두를 위한 순수보장에 너무 치중되어 있는 상품

4. 자녀가 독립한 이후에도 자녀를 위한 보장비중이 높은 상품

5. 일상생활에 지장을 줄 정도로 보험료를 많이 지출해야 하는 장기
   보장상품

6. 일상생활에서 실질적으로 보험수혜를 받을 확률이 극히 미미한
   상품

7. 공짜보험으로도 충분히 가입이 가능한 단순 상해보험상품

골드인생 맞기 위한 보험테크 실천전략 10가지

막상 은퇴를 대비하여 보험포트폴리오 리밸런싱을 추진하려고 할
경우 어떻게 해야 할지 막연하게 느껴질 수 있다. 은퇴자산 마련을 염
두에 두고 보험리모델링을 하려면 먼저 현재 가정의 재정상황을 체크
하면서 은퇴 전에 필요한 상품과 은퇴 이후 필요한 상품의 안분비례가
잘 되어 있는지 집중적으로 분석해 이에 알맞은 포트폴리오가 이루어
지도록 리밸런싱한다.

은퇴자산을 마련하기 위한 보험포트폴리오 리밸런싱 효과를 극대화

하려면 보험상품을 다음과 같은 순서에 입각해 리모델링하는 것이 바람직하다.

1. 생애 재무설계를 먼저 수립한 다음 인생재테크 완성차원에서 실시한다. 가계 재무분석을 정확하게 실시하고 난 다음 연금테크가 이루어져야만 장기간 보험료를 불입하는 데 어려움이 따르지 않는다.

2. 현재 가입하고 있는 모든 보험에 대한 증권분석을 정확하게 실시한다. 이미 가입한 보험에 대한 보장내용과 보험기간, 보장범위를 정확하게 진단한 후 리모델링한다.

3. 보장자산과 연금자산이 반드시 양수겸장이 되도록 설계한다. 경제활동기 가족을 위한 보장자산과 은퇴 이후 자신(부부)을 위한 연금자산을 천칭에 맞게 수립한다.

4. 은퇴 이후 자산은 연금자산과 실버보장자산이 동시에 확보될 수 있도록 설계한다. 이 경우 반드시 연금보장 내용을 꼼꼼히 살펴보면서 의료비보장과 유족보장 부분도 체크한다.

5. 은퇴자산을 마련하기 위한 보험 포트폴리오를 안분비례에 맞춰 실시한다. 이 경우 우선순위는 ① 연금자산 ② 실버보장자산 ③ 상속자산 순으로 한다.

6. 연금자산 확보를 위한 보험료 규모를 정확히 책정한다. 이 경우 연금보험 중 어떤 상품이 자신에게 가장 적합한지 세밀히 분석한 후 결정한다. 최소한 월소득의 10% 정도를 지출할 수 있도록 미리 갈무리한다.

7. 실버보장자산은 중대한 노인성질환과 관련된 상품으로 집중 설계한다. 국민건강보험에서 지급하지 않는, 즉 본인 부담분 및 보험 적용이 되지 않는 부분 등을 커버하면서 중점 보장하는 보험상품을 월소득의 2~3% 규모로 하여 가입한다.

8. 어떠한 일이 있더라도 연금자산은 끝까지 유지해 반드시 월급형식으로 수령한다. 노후에 급여 형식으로 연금이 나오지 않으면 실생활에 어려움이 많으므로 평생 매월 월급형식으로 연금이 지급되도록 설계된 상품에 가입한다.

9. 유가족을 위한 상속자금 마련과 상속세 절감방법까지 염두에 두고 리모델링한다. 연금보험을 지급받는 도중 만약의 경우(사망)를 고려하여 상속효과까지 볼 수 있는 연금상품에 가입한다.

10. 반드시 전문가의 상담을 받고 난 후 추진한다. 평생 동반자적 입장에서 은퇴설계에 종합적인 재무설계를 해줄 금융주치의를 만난다.

보험가입 시 올바른 자가진단법
십계명

　보험테크의 출발은 최적의 보험상품을 잘 골라 적은 보험료로 가입하여 최고의 수혜를 보는 것이다. 보험가입 시에는 우선 아래에 제시한 문항을 토대로 집중 검토해 정확하게 진단한 가정의 재무분석을 바탕으로 최적의 재정안정설계를 하고 이를 모태로 마음에 맞는 보험상품을 선택하여 가입하는 지혜를 발휘한다면 후회하거나 손해 안 보고 기쁜 마음으로 유지하면서 보험혜택을 볼 수 있다.

　보험상품의 선택과 가입을 더 확실히 하여 인생재테크 효과를 톡톡히 볼 수 있도록 보험상품 진단방법을 제시한다.

1. 일상생활에서 발생하는 위험에 대한 대비책은 잘 세웠는가? ( )

보험상품 선택 시 가장 중요한 것은 생활보장테크가 잘 이루어지도록 가족이 모두 살아 있을 때 발생할 위험을 확실히 담보해놓는 것이다. 살아 있을 때 정작 아무 도움이 되지 못하는 보험이라면 재고해야 한다. 평상시 생활위험 요소를 헤지해줄 수 있는 의료실비보험 등 생활보장형보험은 반드시 필요하다. 특히 후유장해 발생으로 인한 고통은 본인은 물론 가족 모두에게 짐을 안겨주므로 유가족이 겪는 고통보다 몇 배 더 크게 다가올 수 있다.

2. 보험가입 시 가계재정에 대한 재무분석을 받았는가? ( )

보험가입 시 가장 우선시해야 할 요소는 가정의 재무분석이다. 보험상품도 재무설계를 토대로 생활치수에 맞게 가입해야만 가입 후 부담이 안 되고 확실히 보장받을 수 있다. 재무설계를 하지 않고 가입했다면 지금 즉시 보험포트폴리오 리밸런싱을 해 가정에 알맞은 상품으로 리모델링한다.

3. 현재 가입한 보험의 보장내용을 잘 살펴보았는가? ( )

바람직한 보험은 어떠한 이유의 사망이건 보험금이 동일하게 지급되든지 실손보상으로 지급되어야 한다. 휴일, 평일 또는 재해사망, 일반사망, 차량탑승 등 사망원인이 맞아떨어져야 보험금이 지급되는 보험에 가입했다면 곤란하다. 또 삶의 여정 내내 보장되는 상품이어야 한다. 55세, 60세 등 일정기간에만 보장되면서 보험기간이 종료되는 상품은 사망률이 높아지는 시기에 보장이 끝나 정작 필요할 때 보험 혜택을 못 보게 된다.

4. 노후에 대한 대비책은 확실하게 세워놓았는가? (　)

보험은 경제활동기 가족을 위한 보장테크와 은퇴 이후 노부부만을 위한 연금테크가 병행되도록 설계하는 것이 가장 바람직하다. 노후가 자기책임인 장수시대, 기나긴 노후는 삶의 행복 척도를 가름하는 중요한 제2의 인생이다. 반드시 경제력이 있을 때 경제력 없는 은퇴 이후를 대비하여 짬짬이 노테크를 해나가야 한다. 연금설계를 할 경우 반드시 평생 매월 월급형식으로 나오도록 해야 안락한 노후가 보장되는데 이에 적합한 상품이 연금보험이다.

5. 수익률이 어느 정도 보장되는 상품인가? (　)

변액보험이나 주가연계보험, 달러보험 등 보험투자상품이나 저축성 상품, 연금상품에 가입할 때는 기본적으로 수익률을 얼마만큼 올릴 수 있는지를 살펴봐야 한다. 보험상품에 따라서는 확정금리를 통한 일정

이상의 수익률을 보존해주는 상품도 있다. 공시이율을 적용한다 해도 회사에 따라 이율이 각기 다르다. 20년 이상의 장기보험인 경우 공시이율이 매년 1%만 차이난다 해도 그 폭은 기납입보험료 이상 될 수 있으므로 신중하게 결정한다.

6. 자녀들의 미래를 위해 상속이 가능한 보험인가? ( )

보험상품은 보장테크와 재테크 및 세테크가 가능하도록 안분비례하여 설계한다. 자녀들의 미래를 위해 현금으로 상속유산을 준비한다는 것은 현실적이지 못하지만 보험을 통해 현실적인 상속금을 남겨줄 수는 있다. 특히 상속기능과 절세기능이 있는 보험의 장점을 이용해 상속세 과세에 대비하는 것이 가장 실속 있다.

7. 건강진단 시 최상의 몸 상태를 유지하고 있는가? ( )

보험회사의 정식검진은 최상의 건강상태에서 받아야 한다. 검진결과로 가입이 거절될 경우 다른 보험에 가입하기도 힘들다. 물론 숨길 수는 있지만 그 기록은 언제까지 남아 있기 때문에 안심하지 못한다. 혈압이나 요당의 경우 그날의 몸 또는 시식 상태에 따라 다르게 나올 수도 있으므로 평소 컨디션 조절에 신경 쓴 후 건강진단을 받는 것이 바람직하다.

8. 보험가입 시 해당약관은 꼼꼼히 살펴보았는가? ( )

간혹 상품 설명 내용과 보험사고 발생 시 실제 보장급부가 달라 낭패를 보는 경우가 있다. 이는 보험설계사가 상품 내용을 제대로 전달하지 않았거나 해당약관을 잘 살펴보지 않고 가입했기 때문이다. 보험상품이 좋다고 해서 무조건 가입하면 정말 필요할 때 큰 피해를 볼 수 있다. 특히 질병을 보장할 경우 보장 범위를 정확하게 살펴봐야 한다. 반드시 설명하는 상품내용이 정확하게 맞는지 가입 전 해당약관을 꼼꼼히 살펴보고 실질적으로 도움이 되는 보장상품인지 따져본다.

9. 고지의무를 위반할 사항은 없는지 점검했는가? ( )

보험가입 시 고지의무 이행은 향후 보험사고 발생 시 보험금 지급과 직결되는 사안이므로 매우 중요하다. 특히 질병을 담보로 하는 건강보험은 다른 유형의 상품보다 고지내용의 조건이 까다로우므로 가입 시에는 과거 병력이나 약물복용 여부를 스스로 체크한다. 만약 최근 5년 이내에 입원이나 수술한 경력이 있으면 먼저 의사들이 보는 차트인 의무기록부(환자 치료, 처방 자료) 검색을 병원에 요청해 복사해서 면밀히 살핀다.

고지의무를 위반하거나 위반한 사실을 모르고 가입했다면 차후 보험사고 발생 시 많은 문제를 야기해 보험금이 지급되지 않는 불상사를 당하는 등 분쟁 소지가 있음을 유의한다. 특히 면책기간과 제한조건을 확인한다. 특정 질병 징후가 있을 경우 일정기간 보험금을 지급하지 않는다거나 보험금 삭감지급 방식인 부담보형태로 가입도 가능하다.

10. 이웃을 위한 배려도 해놓았는가? ( )

보험은 크게 자신과 가족을 위한 생명보험과 다른 사람을 위한 배상 책임보험으로 구분할 수 있다. 일상생활에서 다른 사람에게 부득이한 사유로 피해를 안겨주었다든지 피해를 당했을 때 이를 보상해줄 손실 보상보험은 자산의 효율적 관리를 위해서도 반드시 필요하다.

보험테크 TIP

▮▮▮ 면책기간

면책기간(Contestable Period)은 특정한 사유로 보험사고가 발생했을 경우 보험회사가 보험금 지급의무를 면하는 것을 말한다. 즉 보험계약을 무효처리하는 것이므로 면책기간에 발병한 질병은 무조건 보상받을 수 없다. 일반적인 고지의무 사항에 대한 면책기간은 5년이다. 보험가입자에게 과거 병력이 있더라도 보험가입 후 5년 동안 해당 병력에 추가진단이나 치료사실이 없다면 5년 후 다시 발생된 질병은 새로운 보험사고로 인정해 보장하게 하고 있다. 부담보상품은 해당 부담보기간이 면책기간이고 암보험의 면책기간은 90일까지는 0%, 1년 이내는 50%, 1년 이상은 100% 보장이다. 그리고 자살에 대한 보험사의 보험금지급 면책기간은 2년이다.

보험 잘 들은 당신은 진짜 부자!

내 몸 치장하듯 보험도 살펴라

필자도 그렇지만 하루 일과를 시작할 즈음에는 누구나 거울을 본다. 거울을 보면서 자신이 하고자 하는 일에 잘 맞도록 옷차림이 아름답게 가꾸어져 맵시가 나는지 꼼꼼히 챙긴다. 일과 중에도 틈틈이 거울을 보면서 흐트러짐이 없도록 관리한다.

보험을 통해 평생 동안 안정된 생활을 유지하면서 조금이라도 더 이익을 보려면 보험테크의 거울을 잘 봐야 한다. 어떻게 하면 경제성 원칙에 입각하여 적은 보험료를 지불하면서도 양질의 상품에 잘 가입하여 만족을 극대화할 수 있는지, 실생활에 어떤 보험이 가장 도움이 되는지, 무슨 상품을 선택해야 고수익을 올릴 수 있는지, 어떤 사항을 고려해야 실질적인 이익이 더 주어지는지, 어떻게 대응해야 손실 폭을 줄일 수 있는지 등을 몸맵시를 바로 잡듯 보험테크의 거울을 보면서 알뜰하게 클리닉하는 습관을 들여야 한다.

보험테크 거울 통해 보험 4테크 완성

보험테크는 삶의 현재가치와 미래가치를 드높이는 생활의 기술이다. 보장테크, 연금테크, 세테크, 재테크 등 보험을 통해 4가지 유형의 생활테크를 모두 실현할 수 있도록 지혜롭게 가입하고 알뜰하게 운영하는 재무기술이다.

진정한 보험테크는 생애 전반에 걸쳐 리스크를 헤지하면서 알토란 같은 자산을 잘 늘리고 관리하여 간헐됨 없이 필요한 시기에 목적자금이 원활히 공급되어 삶의 가치가 새록새록 높아지도록 인생을 아름답게 완성해가는 것이다. 보험을 통해 인생재테크가 영글게 하려면 생애재무설계와 '인생 4L'에 맞춰 보험테크 패턴을 달리하면서 지속적으로 보험포트폴리오 리밸런싱을 해야 한다.

지금부터 미래의 행복한 내 모습을 꿈꾸면서 그 꿈이 제대로 실현될 수 있도록 거울 속에 있는 또 다른 나와 합심하여 보험테크를 통해 보장테크와 연금테크, 세테크와 재테크가 잘 이루어져 인생재테크가 완성되도록 이 책을 벗삼아보자.

그간 필자가 저술한 보험관련 책들의 방점 역할을 할 이 책이 당신의 보험인생에도 방점을 찍어주는 소중한 계기가 되길 기대한다.

김동범

보험 4테크 성공 위한 명언

- 절세는 부의 근본이다. -서양 속담

- 보험이 없이는 생활도 없다. -A. 마네스

- 인생은 불확실한 항해이다. -셰익스피어

- 가장 좋은 보험은 당신이 지금 가입하고 있는 보험이다. -미국 격언

- 가정이란 어떤 형태의 것이든 인생의 가장 큰 목표이다. -J.G. 홀랜드

- 보험의 발달은 한 나라의 문화발전을 계량하는 척도이다. -A. 마네스

- 참된 삶을 맛보지 못한 자만이 죽음을 두려워하는 것이다. -제이 메이

- 미래를 예측하는 최고의 방법은 미래를 만들어가는 것이다. -앨런 케이

- 보험은 사람이 사람을 생각하는 마음을 형상화한 상품이다. -가와다 오사무

- 행복한 가정은 우리가 미리 누리는 지상 최고의 천국이다. -로버트 브라우닝

- 자선과 자애는 가정에서 시작하라. 무엇보다 먼저 가족을 사랑하라. -영국 속담

- 가정은 나의 대지이다. 나는 거기서 나의 정신적인 영양을 섭취하고 있다. -펄 벅

- 죽음이 어디서 너를 기다릴지는 불확실하므로 어디서나 그것을 예상하라. -세네카

- 인생이란 느끼는 자에게는 비극이지만, 생각하는 자에게는 희극이다. -라 브뤼에르

- 보험의 기본정신은 "1인은 만인을 위하여, 만인은 1인을 위하여"이다. -A. 마네스

- 아버지가 되는 것은 힘들지 않다. 그러나 아버지답게 되기는 더욱 힘들다. -조지 부시

- 안락한 가정은 행복의 근원이다. 그것은 바로 건강과 가족에 대한 사랑에서 싹튼다. -스미스

- 보험은 가족의 안전을 지키는 가장 기초적인 수단이다. 가정의 행복은 보험에서 다가온다.
  -휴브너

- 충분히 보장하는 생명보험을 갖는 것은 대다수 시민들에게 부여된 도덕적 의무이다.
  -프랭클린 루스벨트

- 잘 보낸 하루가 행복한 잠을 가져오듯이, 잘 쓰인 인생은 행복한 죽음을 가져온다.
  -레오나르도 다빈치

- 낮에는 밤의 꿈자리가 평안하도록 행동하라. 그리고 청춘시대에는 노년에 평안하도록 행동하라.
  -인도 격언

- 가정에서 행복해지는 것은 온갖 염원의 궁극적인 결과이다. 가정의 행복은 이 세상 최고의 성
  공이다. -스펜서 존슨

- 사람은 피할 수 없는 불확실성에 대비하여 언제나 자신의 가족에게 안심을 심어주도록 노력해
  야 한다. -벤저민 프랭클린

- 내일의 토대 위에 집을 짓기엔 너무도 불확실하기 때문에 오늘 이 순간 속에 너의 길을 닦아나가라. -베로니카 쇼프스톨
- 이 세상에 죽음만큼 확실한 것은 없다. 그런데 사람들은 겨우살이를 준비하면서도 죽음은 준비하지 않는다. -톨스토이
- 위험에 대한 공포는 위험 그 자체보다 천 배나 무섭다. 위험에 대한 공포가 생기지 않게 하는 것이 행복한 삶의 비결이다. -디포
- 젊은 시절부터 노년의 불행과 궁핍함에 대비하라. 노년의 불행과 궁핍함으로 우리의 지난날의 삶을 평가할 수 있다. -새무얼 스마일즈
- 사람은 누구나 위험에 처할 수 있다. 이럴 때는 서로 도우며 살아가야 하는데 가장 좋은 해결 방안이 바로 보험이다. -엘리자베스 2세
- 보험은 불확정한 것을 확정한 사실로 변화시키는 유일한 수단이므로 보험에 가입하는 것은 인간으로서의 가장 신성한 책무이다. -휴브너
- 현재 자신의 삶에 만족하지 못한다면 앞으로 더 행복한 가정을 꾸리는 데 더 노력하라. 그러면 열정이 넘치는 삶을 살 수 있다. -스티븐 코비
- 미국 독립선언서에 천명된 인간의 가장 기본적인 생명의 자유란, 시민 각자가 보험을 통해 스스로를 보장하는 것 이외에 다른 것이 아니다. - 로버트 노직
- 보험을 가입하는 이유는 언제나 마음의 안정을 이루기 위해서다. 위험을 방지하고 치유해주는 보험보다 더 인간의 마음을 평안하게 만들어주는 상품은 없다. -해리 트루먼
- 인생에는 두 가지 위험이 있다. 하나는 너무 일찍 죽는 것이고 또 하나는 너무 오래 사는 것이다. Die too soon, Live too long! 이것은 우리네 삶의 명제이다. -버트 팔로
- 하느님은 해가 뜨는 새벽이나 봄이 시작될 때 그대에게 오지 않는다. 그는 그림자가 들기 시작하는 정오나 추수의 계절에 그대에게 다가온다. 미래를 준비하는 자에게만 다가온다. -존 돈
- 인간은 참 이상한 동물이다. 집과 자동차에 보험을 가입하는 것은 잊지 않으면서 왜 자신의 생명을 보험에 가입하는 것은 소홀히 할까? 생명은 가족에게 무엇보다도 중요하고, 가장 잃기 쉬운 것인데도 말이다. -벤저민 프랭클린
- 사람들은 행복을 찾아 세상을 헤매지만 정작 행복은 누구의 손에든지 잡힐 만한 곳에 있다. 그 행복은 바로 가정에 있다. 그러나 행복은 가족을 사랑하는 마음과 일상생활에 대해 마음속에 만족을 얻지 못하면 얻을 수 없다. -호라티우스
- 가족이 죽음을 맞이했을 때 변호사는 유언장을 가지고 오고, 회계사의 경우 세금을 얼마만큼 내야 하는지 계산서를 가지고 온다. 그러나 보험설계사는 은행에 고객의 자산이 얼마나 있고, 향후 보장자산이 얼마나 되는지를 파악하여 고객에게 제시해준다. -가이 베이커

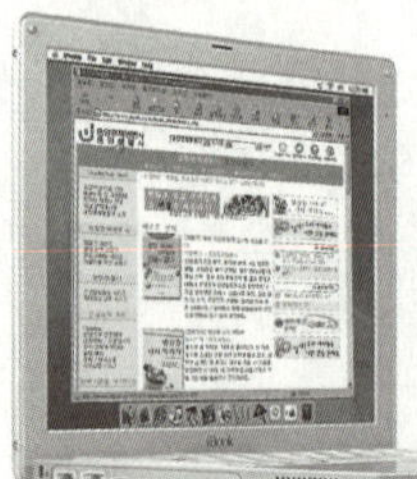

중앙경제평론사
중앙 생 활 사

Joongang Economy Publishing Co./Joongang Life Publishing Co.

중앙경제평론사는 오늘보다 나은 내일을 창조한다는 신념 아래 설립된 경제 · 경영서 전문 출판사로,
성공을 꿈꾸는 직장인, 경영인에게 전문지식과 자기계발의 지혜를 주는 책을 발간하고 있습니다.

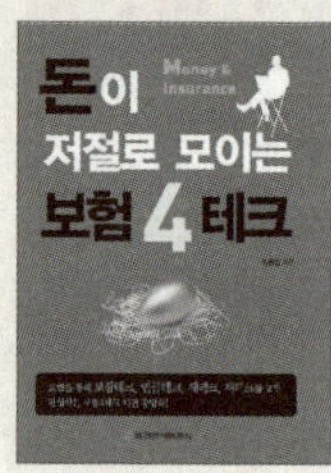

돈이 저절로 모이는 보험4테크

초판 1쇄 발행 | 2010년 9월 29일
초판 3쇄 발행 | 2011년 8월 12일

지은이 | 김동범(Dongbeom Kim)
펴낸이 | 최점옥(Jeomog Choi)
펴낸곳 | 중앙경제평론사(Joongang Economy Publishing Co.)

대　　　표 | 김용주
책 임 편 집 | 이상희
본문디자인 | 신경선

출력 | 국제피알　종이 | 한솔PNS　인쇄 | 태성문화사　제본 | 은정제책사

잘못된 책은 바꾸어 드립니다.
가격은 표지 뒷면에 있습니다.

ISBN 978-89-6054-072-9(13320)

등록 | 1991년 4월 10일 제2-1153호
주소 | ㉾100-789 서울시 중구 왕십리길 160(신당5동 171) 도로교통공단 신관 4층
전화 | (02)2253-4463(代) 팩스 | (02)2253-7988
홈페이지 | www.japub.co.kr 이메일 | japub@naver.com | japub21@empas.com
♣ 중앙경제평론사는 중앙생활사 · 중앙에듀북스와 자매회사입니다.

▶홈페이지에서 구입하시면 많은 혜택이 있습니다.

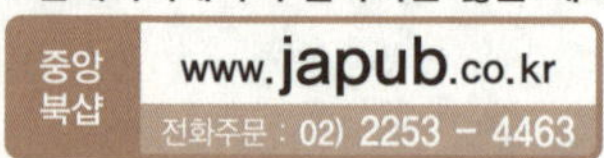

※ 이 도서의 국립중앙도서관 출판시도서목록(CIP)은 e-CIP 홈페이지(www.nl.go.kr/cip.php)에서
　이용하실 수 있습니다.(CIP제어번호: CIP2010003201)